疯狂阅读 — 年度特辑 4 —

格言集

主编 杜志建

你不一定非得长成玫瑰，
你乐意的话，
做茉莉，做蔷薇，
做无名小花，做千千万万。

漓江出版社
·桂林·

图书在版编目（CIP）数据

疯狂阅读. 年度特辑 4 格言集 / 杜志建主编. 桂林 : 漓江出版社，2025. 1. -- ISBN 978-7-5801-0161-7

Ⅰ. G634.333

中国国家版本馆 CIP 数据核字第 2024VK3269 号

疯狂阅读·年度特辑 4　格言集

FENGKUANG YUEDU · NIANDU TEJI 4　GEYANJI

主编　杜志建

出 版 人　梁　志
出版统筹　文龙玉
责任编辑　陈丽君
书籍设计　马俊洁
封面绘图　林遭遇
责任监印　黄菲菲

出版发行　漓江出版社有限公司
社　　址　广西桂林市南环路 22 号
邮　　编　541002
发行电话　010-85891290　0773-2582200
邮购热线　0773-2582200
网　　址　www.lijiangbooks.com
微信公众号　lijiangpress

印　　制　河南瑞之光印刷股份有限公司
开　　本　787 mm × 1092 mm　1/16
印　　张　10
字　　数　280 千字
版　　次　2025 年 1 月第 1 版
印　　次　2025 年 1 月第 1 次印刷
书　　号　ISBN 978-7-5801-0161-7
定　　价　25.80 元

声明

基于对知识和创作的尊重，本书向所选文章、图片的作者给予补贴。因条件所限未能及时联系的作者，我们在此深表歉意，当您看到本书时，请与我们联系，以便我们向您支付补贴和赠送样书。因篇幅有限，部分文章有删节，敬请谅解。

联系方式：0371-68698015

目录

黄金时代

听见当代最鲜活的心灵律动

破茧成蝶

少年，你准备好利剑与铠甲了吗？

时光情书

爱不是相互凝望，而是一起凝望相同的方向

纸上旅行

如果你不出去走走，你就会以为这就是世界

不止好玩

首先你要快乐，其次都是其次

思维漫游

往外张望的人在做梦，向内审视的人才清醒

光影留声

电影太仁慈了，总能让错过的人再重逢

黄金时代

听见当代最鲜活的心灵律动

我们需要理性和秩序，也需要棉花糖和猫咪

真正的危机就是对自己已知的东西过于依赖。

——萨拉·罗布·奥黑根《转机》

作为作家，即使不一定写时代题材，至少也曾在手电筒的光芒前停留过，或者将会停留。作为一个人，我爱处于生与死之间的光的轮廓。

——金爱烂

船最怕找不到方向，尤其是大风大浪的时候，所以才需要灯塔。

——电视剧《新闻女王》

人天生是没有特别固定的倾向和立场的。吵着吵着，倾向和立场就有了，而且越来越强烈，越来越固化。

——复旦大学教授严锋认为，争执有时会强化观点、焊死立场

除了穷和缺爱，我们这个时代，还缺精神、缺安全感、缺快乐……但不要哀叹，别觉得这是多坏的事：正因为人们缺这么多，你不难发现，我们也处在一个上进心和个人成长欲望很强烈的年代。

——人只有知道自己缺什么，才能知道自己想要什么

正如食品会标榜“天然有机”或“非转基因作物”，再过不久，人类大概会希望每件作品上清楚标注“本作品在创作时未使用人工智能”。

——22世纪最贵的是什么？大概率还是人才

不管中国科幻人的未来怎么发展，我都是最后一个为它站岗的人。

——刘慈欣

所有的财富，都基于认知。你永远赚不到超出自己认知范围的钱，除非是碰运气，而你碰运气得来的钱最后一定会亏掉。

——查尔斯·哈奈尔

影响世界，年轻的你我或许都该这样追求。

——《人民日报》

阴谋论之所以能够广泛流传，是因为它可以让头脑简单的人觉得自己很聪明。

——思维惰性是网络暴力的帮凶之一

教育具有长期性和滞后性，就像是一个闭环，多年后你有一个瞬间突然意识到了什么，那就是被子弹命中的瞬间，此时才是教育的完成。谈恋爱时才读懂《氓》，升学考公时才读懂《范进中举》，找工作时才读懂《孔乙己》，而谈婚论嫁时才读懂《孔雀东南飞》，这就是教育的即时性和延时性。教育提前为你灌输思想，而你在拥有阅历那一刻醍醐灌顶茅塞顿开，这才意味着之前的老师，真正意义上完成了他们的任务。

——《长安三万里》影评

踏上取经路，比抵达灵山更重要。

——中国第一款3A游戏《黑神话：悟空》制作人冯骥

人一定要拼尽全力，活得充实，在他们力所能及的范围之内，在他们自己的时代里，尽可能地活得充实，这就是我们能做的。

——纪录片《宫崎骏：十年一梦》

为什么大家都觉得短视频让我们变笨、不会表达了？因为整个话语空间的词库太同质化、太扁平、太局限了。你看似每天接触了很多内容，实际都是一些重复的流行语料，它们大大压缩了你的日常词汇量。而这些语料所含意义越模糊，大家的理解成本越低，其得到的关注就会越多。

——好好说话，应该是每个人都要学会的一件小事

现实题材影视作品的生命力，放到较长一段时间去看待，更能经受住数字洪流的冲刷。就像历史上早已被印证过的，经典不会随着电影结束就宣告终结。

——影评人木卫二谈现实题材影视作品的优势

你是世人眼中天赋异禀的天才，苦心修炼一辈子，终于得道成仙，成为宗门的骄傲，最后成了阻挡齐天大圣的十万天兵中的一员。

——有时候天才只是入场券

先前制造名人的手段，日后也必定摧毁他。他成于公共宣传，也毁于公共宣传。

——丹尼尔·布尔斯廷《幻象》

我们需要理性和秩序，也需要棉花糖和猫咪。

——范小白《种自己的花，爱自己的宇宙》

无论你有多生气，都要注意措辞和方式。你可以表达愤怒，但不要愤怒地表达。

——你做到了吗

竞技体育，你没有野心怎么赢球啊？如果你没有这个野心，你可能得去从事其他比较温柔一点的行业了。

——中国网球运动员郑钦文在被评价“太有野心”时如是回复

身处一个科技爆炸、沟通无限的世界，我们感受到的，却是史无前例的孤独无助。

——石黑一雄

如果将分数视为金钱，必须购买能力范围内最贵的东西，最后丢失的可能是真正重要的、独属于自己人生的可能性。

——付费志愿咨询究竟能带来什么

无须证明自己，无须多说一句，你只需要无视和继续。做事是你的原则，碎嘴是他人的权利，历史只会记得你的作品和荣誉，而不会留下一事无成者的闲言碎语。

——韩寒

最有效的教育方法不是告诉人们答案，而是向他们提问。

——苏格拉底

每天晚上睡觉前，我都是一边听着于谦老师的相声，一边在想：机器怎么可能超过这样有趣的灵魂？我不信。

——中国AI领军人物汤晓鸥曾在世界人工智能大会上这样说

他听到了一些自己不同意的观点，就立即进入反驳模式，而在反驳模式中，倾听已不复存在。当倾听停止时，思考也就停止了。

——艾伦·雅各布斯《喧哗的大多数》

文字就像X光，如果你运用恰当的话——它们就能穿透一切。你阅读着那些文字，然后你就被穿透了。

——奥尔德斯·赫胥黎

不要因为你是女生，你就觉得我可以

差一点，我要求可以低一点。千万不能这样子。女性跟男性是完全一样的，绝对她的能力，她的智力、智慧等都是一样的。作为一个女性的整体来说的话，我觉得就应该一定要鼓励自己去做自己喜欢做的事情、合适的事情，自己愿意做，而且希望自己做得很好的事情。

——中国科学院院士王志珍在央视节目《开讲啦》中讲道

不读书的人，容易上人的当；读书多的人，容易上书的当。读书人最大的弱点就是——总以为这个世界是讲道理的。

——钱锺书

当我们用拇指而不是声音说话时，无聊、烦恼、受伤和喜悦从谈话中流失。

——帕梅拉·保罗《消失于互联网时代的100件事》

人用自己往后退的方式，让文明往前走了一步。

——纪录片《我们的国家公园》导演曾海若如是谈生态保护

与信息数量越来越不成正比的是，我们距离事实的真相越来越远。

——澎湃新闻

感谢宿舍区的每一只猫咪，治愈了我很多的不开心；感谢每一本我看过的小说，文字是我的乌托邦；感谢牛肉火锅，给了我很多次满足的感叹；感谢傍晚好看的晚霞、校道上洒下绿荫的大树、偶尔跟朋友在操场散步的夜晚……

——“这届年轻人”把爱宠和美食写进论文致谢部分

去掉那些形容词，剩下的就是事实了。

——哈珀·李《杀死一只知更鸟》

一个人的绝对自由是疯狂，一个国家的绝对自由是混乱。

——罗曼·罗兰

文学能做的善事之一，我想大概就是在他人脸上注入表情和温度。

——金爱烂

就像不同的植物为了适应同一种气候，强迫自己长成同一个样子那么荒谬，我们为了适应同一种时代氛围，强迫自己失去自己。

——朱德庸《大家都有病》

我庆幸自己生在诗歌的国度，觉得世界上没有任何语言能够与我们的汉语相媲美。我也庆幸幼时背诵了那么多诗词，能够让那些忽然醒来的美丽诗词，来与我心有灵犀。

——马亚伟《忽然醒来的美丽诗词》

信息，泛滥而廉价；思考，罕见而珍贵。

——特奥·康普诺利《慢思考》

期待以后能见到IP地址为月球的朋友

饭圈正式以一种完全不同于传统粉丝的面貌，闯入公众视野里。

——西安交通大学新闻与新媒体学院副教授徐婧受访时表示，“饭圈化”行为干扰比赛，已经成为公害，不能说是饭圈问题升级了，但确实是一个全新现象

没有任何一个人的生活适用于你，而用5—10分钟展现出来的内容会给你一种别人轻而易举活成那样的错觉……把生活动力建立在活成别人的样子之上是危险的。

——网友Monodori在“为什么我不再爱看任何vlog（视频博客）”的帖子里这样写道

最高303分，数学全不及格。

——上海人工智能实验室公布了人工智能大模型的高考成绩。此次测评采用了全国新课标I卷，有多个人工智能大模型应考

如果你在家里找东西，最后找到了，用完之后，不要把它放回你最终找到它的地方，把它放回你最先去找的地方。

——凯文·凯利给年轻人的68条建议之一

当任何东西都可以在网上学习时，教育的障碍就只剩下动机、好奇心和毅力了。

——摩根溪资本管理公司创始人安东尼·波姆皮里亚诺谈当前教育面临的挑战

水会隔绝掌声，也会隔绝叹息声。

——奥运会跳水冠军郭晶晶谈比赛时如何让心静下来

确诊为鲁滨逊。

——年轻人常用这句话来形容自己的一种精神状态：经常蓬头垢面，喜欢找吃的，最重要的是——很喜欢星期五

“敢惹我，那你算是踢到棉花了。”

“你给我等着，等我过两天就忘了。”

——“窝囊文学”流行，面对无能为力的生活常态，这种看似放狠话，实则峰回路转地展示自己的窝囊的句式快速精准地击中了网友们的心

我两手空空，但可以打败风。

——在天津美术学院的毕业典礼上，院长邱志杰引用8岁男孩郑皓元的小诗《少年》作为毕业寄语，希望毕业生能“勇敢地去改变世界”

一个时代大环境，决定着一代年轻人的技能。

——习惯智能手机的年轻人，已经慢慢不会用电脑了。随着数码设备易用性的提高，部分“00后”和“10后”失去了捣鼓电脑的动力，只知道如何开机和移动鼠标

每个人都不可避免是井底之蛙，但是我们可以时常换个井看看。

——有了对世界多样性的敬畏，有了对自己局限性的认知，接受不同角度的观点就少了一些障碍

人生需要Passion（激情）！

——某脱口秀演员在表演时声情并茂地描述了自己在经历高考失利和人生挫败时的心路历程，并用其独特的幽默风格大声地喊出了这一金句

小狗在，不远游。

——对很多人来说，养了宠物就没办法出远门了，因为怕“毛孩子”自己在家感到孤独

这顿饭我只吃一点点；再看一集电视剧我就睡觉；我今天出门只买必需品。

——人经常骗自己的3件事

我们对“旷野”的想象非但不辽阔，

甚至还有点贫瘠。

——人生是旷野，不是轨道。但旷野不是只有裸辞和旅游

冷亲密时代。

——法国社会学家伊娃·易洛斯认为，我们逐渐进入“冷亲密时代”。情感被理性泼了一头冷水，迅速降温，而网络上构筑起来的温暖幻觉，往往不过是巨大的泡沫

元丰六年十月十二日夜，解衣欲睡，月色入户，欣然起行。念无与为乐者，遂至承天寺寻张怀民。怀民亦未寝，相与步于中庭。

——九百多年前，苏轼与友人张怀民夜游承天寺，玩赏月色竹影。九百多年后，有赖于网友们的精彩二创，“被迫未寝”版张怀民成为网络热门“怨种”朋友

早上按下闹铃之后，闭上眼睛再眯一分钟。

——关于学生时代玩过的最危险的游戏，有网友这样总结

小的时候以为自己有瞬移的超能力，每次在沙发上睡着，都能在床上醒来。长大以后在沙发上睡到落枕，才发现失去了这个超能力，或者是失去了别的什么。

——人不是一瞬间长大的，人是在失去中长大的

我漂在海中间，父母不让我沉下去，生活不让我浮上来。

——一句话形容当代年轻人的“累”

以前叫缺心眼，现在叫钝感力；以前叫拍马屁，现在叫提供情绪价值；以前叫生闷气，现在叫精神内耗；以前叫穷游，现在叫特种兵；以前叫装，现在叫立人设；以前叫崩溃，现在叫破防；以前叫乱花钱，现在叫爱自己。

——当代年轻人的说话艺术

日复一日，按既定程序行走；生活三点一线，不探索世界地图；不敢主动交流，与人沟通一问一答……

——很多人自嘲是这个世界的NPC（游戏中的非玩家控制角色），每天重复相同的工作，待在固定场所

从百年前的4名运动员报名参加巴黎奥运会，到如今的405名健儿代表中国参加巴黎奥运会，中国人追梦的脚步永不停歇。

——2024年巴黎奥运会，中国体育

代表团获得40金27银24铜共91枚奖牌，金牌数与美国队并列排名第一，创造了参加境外奥运会的最佳战绩

我现在重新高考还来得及吗？能抱着大熊猫上课吗？毕业给分配大熊猫吗？

——看到全国首个大熊猫学院开始招生的新闻后，网友们蠢蠢欲动

那些失去了课间十分钟的孩子，流行起了“厕所社交”。

——学校应找到安全和自由的平衡点，把课间十分钟还给孩子，别让孩子成为“被困在盒子里的人”

期待以后能见到IP地址为月球的朋友。

——时任国家航天局探月与航天工程中心副主任关锋指出，嫦娥八号要考虑通信的能力，在月球上肯定会有无线网、能源，至于能不能种菜，科学家们还在研究

卷又卷不动，躺又躺不平，摆又摆不烂。

—— 一些“山腰青年”正过着“45°人生”，他们在人生路上爬到半山腰，既不是一无所有，也没有大富大贵；既没有鸡血式奋斗，也没有完全躺平

今年我们的休假增加了十天——不开心假。如果不开心了，我不想上班，管理层是不能不批的，不批就违规了。为什么？就希望大家自由。

——胖东来创始人于东来在2024中国超市周论坛上发言，希望员工不开心的时候，能因为“不开心假”变得开心，感受到工作和生活的平衡

未来的编程语言只会剩下两种，一种叫作英文，一种叫作中文。

——世界上首位AI程序员Devin诞生，百度董事长兼首席执行官李彦宏表示，以后不会存在“程序员”这种职业了，因为只要会说话，所有人都具备程序员的能力

我从小就喜欢，报专业只用了几分钟，但我会为此坚持很久。

——2020年高考后，作为农村留守女孩的钟芳蓉以高分报考了在很多人看来冷门且没有“钱途”的北大考古学专业，引发社会热议。四年后，她考上了敦煌研究院石窟考古岗位

年少时不能遇见太惊艳的猴。

——电视剧《西游记》中的孙悟空再度走红，人们拿他做头像，用他的表情包，既爱他不服管束、不拘小节、呼风唤雨的英雄一面，也欣赏他身上不怎么英雄的部分：普通，软弱，甚至柔和

读者们，再会了！

——堪称神来之笔的名著开头与结尾

开头

话说天下大势，分久必合，合久必分。

——罗贯中《三国演义》

那是我一生中最幸福的时刻，而我却不知道。

——奥尔罕·帕慕克《纯真博物馆》

幸福的家庭家家相似，不幸的家庭各个不同。

——列夫·托尔斯泰《安娜·卡列尼娜》

她那时候还太年轻，不知道所有命运赠送的礼物，早已在暗中标好了价格。

——斯蒂芬·茨威格《断头王后》

他是个独自在湾流中一条小船上钓鱼的老人，至今已去了八十四天，一条鱼也没逮住。

——海明威《老人与海》

话说距今三百四十八年零六个月十九天前，那日巴黎万钟齐鸣，响彻老城、大学城和新城三重城垣，惊醒了全体市民。

——雨果《巴黎圣母院》

我现在要做一项既无先例、将来也不会有人仿效的艰巨工作。我要把一个人的真实面目赤裸裸地揭露在世人面前。这个人就是我。

——卢梭《忏悔录》

一天早晨，格里高尔·萨姆沙从不安的睡梦中醒来，发现自己躺在床上变成了一只巨大的甲虫。

——弗兰兹·卡夫卡《变形记》

穿过国境长长的隧道，就是雪国。夜的底色变成银白。火车停在信号所旁边。

——川端康成《雪国》

日子过得真快，尤其对于中年以后的人，十年八年都好像是指顾间的事。

可是对于年轻人，三年五载就可以是一生一世。

——张爱玲《半生缘》

我认为只有深刻地研究过人，才能创造出人物，如同只有认真地学习了一种语言才能讲它一样。

——小仲马《茶花女》

这是三月里的一天。如果你要写一个故事，千万千万别用这种开头。再没有比这更糟糕的开头了。

——欧·亨利《菜单上的春天》

你即将开始阅读伊塔洛·卡尔维诺的新小说《如果在冬夜，一个旅人》。

——伊塔洛·卡尔维诺《如果在冬夜，一个旅人》

我这一生，尽是可耻之事。

——太宰治《人间失格》

我比现在年轻十岁的时候，获得了一个游手好闲的职业，去乡间收集民间歌谣。那一年的整个夏天，我如同一只乱飞的麻雀，游荡在知了和阳光充斥的农村。

——余华《活着》

多年以后，面对行刑队，奥雷里亚诺·布恩迪亚上校将会回想起父亲带他见识冰块的那个遥远的下午。

——马尔克斯《百年孤独》

一九七五年二三月间，一个平平常常的日子，细蒙蒙的雨丝夹着一星半点的雪花，正纷纷淋淋地向大地飘洒着。时令已快到惊蛰，雪当然再不会存留，往往还没等落地，就已经消失得无踪无影了。黄土高原严寒而漫长的冬天看来就要过去，但那真正温暖的春天还远远地没有到来。

——路遥《平凡的世界》

我已经老了，有一天，在一处公共场所的大厅里，有一个男人向我走来。

他主动介绍自己，他对我说："我认识你，永远记得你。那时候，你还很年轻，人人都说你美，现在，我是特为来告诉你，对我来说，我觉得现在你比年轻的时候更美，那时你是年轻女人，与你那时的面貌相比，我更爱你现在备受摧残的面容。"

——杜拉斯《情人》

不可避免，苦杏仁的气味总是让他想起爱情受阻后的命运。

——马尔克斯《霍乱时期的爱情》

混沌未分天地乱，茫茫渺渺无人见。
自从盘古破鸿蒙，开辟从兹清浊辨。
覆载群生仰至仁，发明万物皆成善。
欲知造化会元功，须看《西游释厄传》。

——吴承恩《西游记》

由四川过湖南去，靠东有一条官路。这官路将近湘西边境到了一个地方名为"茶峒"的小山城时，有一小溪，溪边有座白色小塔，塔下住了一户单独的人家。这人家只一个老人，一个女孩子，一只黄狗。

——沈从文《边城》

我们所要介绍的是祥子，不是骆驼，因为"骆驼"只是个外号；那么，我们就先说祥子，随手儿把骆驼与祥子那点关系说过去，也就算了。

——老舍《骆驼祥子》

今天早上里诺来电话了。我以为他又要向我要钱，我准备好了拒绝他，但他打电话却是另外一个原因：他母亲失踪了。

——埃莱娜·费兰特《我的天才女友》

我是雨和雪的老熟人了，我有九十岁了。雨雪看老了我，我也把它们给看老了。

——迟子建《额尔古纳河右岸》

要了解一个已经死去一千年的人，并不困难。

——林语堂《苏东坡传》

倘若我今天要为第一次世界大战前我长大成人的那个时代作一个简明扼要的概括，那么我希望我这样说：那是一个太平的黄金时代——是最为精辟不过的。

——斯蒂芬·茨威格《昨日的世界》

如果我能够，我要写下我的悔恨和悲哀，为子君，为自己。

——鲁迅《伤逝》

太阳从大玻璃窗透进来，照到大白纸糊的墙上，照到三屉桌上，照到我的小床上来了。我醒了，还躺在床上，看那道太阳光里飞舞着的许多小小的、小小的尘埃。

——林海音《城南旧事》

结尾

千万别跟人说事儿，说了你就会想念

起每一个人。

——塞林格《麦田里的守望者》

不久，你睡了，一觉醒来时，你将成为新世界的一部分。

——村上春树《海边的卡夫卡》

“我相信你的爱。”让这句话作我的最后的话。

——泰戈尔《飞鸟集》

只有我们醒来的那天，黎明才是黎明。黎明到来的日子会越来越多。太阳只是早晨的一颗星星。

——梭罗《瓦尔登湖》

毕竟，明天又是新的一天了。

——玛格丽特·米切尔《飘》

伤疤已经十九年没有疼过了，一切太平。

——J. K. 罗琳《哈利·波特与死亡圣器》

他最后一次把眼睛掉向后面看，他轻轻地说了一声“再见”，仍旧回过头去看永远向前流去、没有一刻停留的绿水了。

——巴金《家》

人类的智慧就包含在这两个词里面：等待和希望！

——大仲马《基督山伯爵》

白马带着她一步步地回到中原。白马已经老了，只能慢慢地走，但终是能回到中原的。江南有杨柳、桃花，有燕子、金鱼……汉人中有的是英俊勇武的少年，倜傥潇洒的少年……但这个美丽的姑娘就像古高昌国人那样固执：“那都是很好很好的，可是我偏不喜欢。”

——金庸《白马啸西风》

走过院子，看那垂落的夹竹桃。我默念着：爸爸的花儿落了，我也不再是小孩子。

——林海音《城南旧事》

他活着，尽管命运离奇多磨难；
他安息，只因失去天使才合眼。
生来死去，是人生自然的规律；
昼去夜来，同样是这种道理。

——雨果《悲惨世界》

我追。一个成年人在一群尖叫的孩子中奔跑。但我不在乎。我追，风拂过我的脸庞，我唇上挂着一个像潘杰希尔峡谷那样大大的微笑。

我追。

——卡勒德·胡赛尼《追风筝的人》

“太阳快落下去了，你们的孩子居然不害怕？”

“当然不害怕，她知道明天太阳还会升起来的。”

——刘慈欣《三体 Ⅱ：黑暗森林》

在五十三年七个月零十一天以来的日日夜夜，弗洛伦蒂诺·阿里萨一直都准备好了答案。

“一生一世。”他说。

——马尔克斯《霍乱时期的爱情》

长安城里的一切已经结束，一切都在无可挽回地走向庸俗。

——王小波《万寿寺》

待岛村站稳了脚跟，抬头望去，银河好像哗啦一声，向他的心坎上倾泻了下来。

——川端康成《雪国》

东方的地平线上，渐渐透出一派红光，闪烁在碧绿的嘉陵江上。湛蓝的天空，万里无云，绚丽的朝霞，放射出万道光芒。

——罗广斌、杨益言《红岩》

“喂，阿列克谢，你不是一枚勋章，老是挂在我的脖子上也不是个事儿，到人间去闯荡吧……”

于是我就走进了人间。

——高尔基《童年》

喏，人这一生，既不像想的那么好，也不像想的那么坏。

——莫泊桑《一生》

当我走到人生的尽头，当我在弥留之际最后一次睁开眼睛，那时我所有的知性和记忆都消失在过去的深渊中，又回到童年纯真的感觉和梦幻之中，那就是量子玫瑰向我微笑的时候。

——刘慈欣《球状闪电》

宇宙以其不息的欲望将一个歌舞炼为永恒。这欲望有怎样一个人间的姓名，大可忽略不计。

——史铁生《我与地坛》

人们想把他和他所拥抱的那具骨骼分开时，他化作了尘埃。

——雨果《巴黎圣母院》

铁环已经被彻底砸碎，现在他拿起新的武器，重返战斗队伍，开始了新的生活。

——尼古拉·奥斯特洛夫斯基《钢铁是怎样炼成的》

我不是邪恶的鼓吹者，但不论我在什么地方，只要听到高尚的人不幸哀鸣，我都会为他应声呼吁。

——小仲马《茶花女》

这就是我想通过徐霞客所表达的，足以藐视所有王侯将相，最完美的结束语：

成功只有一个——按照自己的方式，去度过人生。

——当年明月《明朝那些事儿》

于是我们奋力前进，却如同逆水行舟，

注定要不停地退回过去。

——菲茨杰拉德《了不起的盖茨比》

这已是一个新的故事的开端，这故事说的是一个人如何逐渐获得新生，他逐渐蜕变，逐渐从一个世界进入另一个世界，逐渐认识到迄今为止他完全不了解的现实。这可以成为一篇新小说的主题——但是我们现在的这篇小说就到此为止了。

——陀思妥耶夫斯基《罪与罚》

在大路另一头老人的窝棚里，他又睡着了。他依旧脸朝下躺着，孩子坐在他身边，守着他。

老人正梦见狮子。

——海明威《老人与海》

如果有个小人出现在你面前，如果他笑着，有一头金色的头发，拒绝回答任何问题，你就会知道他是谁了。如果发生了这一切，请及时告诉我，好让我得到安慰。请给我捎个话，就说他已经回来了。

——安托万·德·圣埃克絮佩里《小王子》

他远远地看见，头上包着红纱巾的惠英，胸前飘着红领巾的明明，以及脖项里响着铜铃铛的小狗，正向他飞奔而来……

——路遥《平凡的世界》

其实地上本没有路，走的人多了，也便成了路。

——鲁迅《故乡》

我清醒地看到以前当作“我们家”的寓所，只是旅途上的客栈而已。家在哪里，我不知道。我还在寻觅归途。

——杨绛《我们仨》

她一次都没有回头。

——东野圭吾《白夜行》

读者们，再会了！倘若一命呜呼，我们来日再会！请带着勇气走！切勿绝望！那么，失陪了。

——太宰治《津轻》

因为注定经受百年孤独的家族不会有第二次机会在大地上出现。

——马尔克斯《百年孤独》

纷纷世事无穷尽，天数茫茫不可逃。
鼎足三分已成梦，后人凭吊空牢骚。

——罗贯中《三国演义》

再有两三个钟点，鸽群就要起飞了。鸽子从它们的巢里弹射上天空时，在她的窗帘上掠过矫健的身影。对面盆里的夹竹桃开花了，花草的又一季枯荣拉开了帷幕。

——王安忆《长恨歌》

我把自己看作一个时薪三十元的送货机器

我熟练地开车前行，像轻轻摇动一艘悠然的船，摆渡着这个城市与我有缘的乘客。

——黑桃《我在上海开出租》

你可以用很多说法来称呼这个全新的自我：转变，蜕变，虚伪，背叛。

而我称之为：教育。

——塔拉·韦斯特弗《你当像鸟飞往你的山》

世上并不存在一成不变的我，正是像流水般不断变化的过程造就了我，我静静地揣摩这一真理。

——韩江《植物妻子》

很奇妙，我生命里最重要的三个女性——我奶奶、我外婆、我妈，气质、性格和命运截然不同，但她们共享“强悍”这种特质。她们相互依存，也各自对抗，她们延续百年的人生故事，也成了我的前传。

——王三宝

和人类大脑一样，神经网络所具有的一个卓越能力，就是从低级到高级，逐级处理输入信息。……目前人工智能研究最大的难题之一就在于如何让其从数字世界转移到真实的世界中。

——苗千《人工智能还可以从人类大脑学到很多》

我们有些人就像乌龟，走得慢，一路挣扎，到了而立之年还找不到出路，但乌龟知道，他必须走下去。

——诺贝尔化学奖获得者约翰·B·古迪纳夫

在人的一生，有些细微之事，本身毫无意义可言，却具有极大的重要性。事过境迁之后，回顾其因果关系，却发现其影响之大，殊可惊人。

——林语堂《京华烟云》

总是有人问我怎样才能成为作家，我说首先要让你的屁股和椅子建立起友谊来，你要坐下来，能够长时间坐在那里。

第一段话写出来，写完以后所有东西就喷涌而来。有时候写作其实就像水龙头一样，“摸到”开关的方式其实很简单，就是你不断地写，写这一段，不对的话再换一段，开关肯定会被你“摸到”的。

——余华

外婆在拔花生，外婆种的花生不多。也不是花生不多，是外婆的地不多。

说是外婆的地，一直以来，外婆都没有地，别人瞧不上丢掉的荒芜的边边角角，就是外婆的地。

有时候外婆辛辛苦苦除草、松土，好不容易整理出来一小块，别人又会占回去，也不能说占，因为本来就是人家的，他们本来瞧不上那些边边角角，可外婆整理了、像样了，他们又瞧上了。

从来都是如此，一些不起眼的东西，一旦别人瞧上，就是好东西。

从我记事起，外婆就是到处平地，好不容易平出来的一小片地，别人说收回去就收回去，外婆似乎也习惯了，这里不行，就去别处。

外婆就是用这些别人瞧不上丢掉的边边角角，养活了我父母瞧不上丢掉的我。

——外婆养大的羊羊

他们不会是时代的主人，或者同行者。他们只是时代的承受者，被洪流裹挟其中，上下颠簸，浮生动荡。

——山山《母亲的病》

读一个人的文章，就是在这个人的文章中短期居住，然后再走出来。

——金爱烂

我把自己看作一个时薪三十元的送货机器。

……

因为我的每分钟值0.5元，所以我小个便的成本是1元，哪怕公厕是免费的，但我花费了两分钟时间……为了减少上厕所，我早上也几乎不喝水。

——胡安焉《我在北京送快递》

人类自诞生以来，对动物蛋白的渴望与追逐就从未停过。

——张从志《造肉工厂：一只鸡的38天》

ChatGPT的问世标志着大型语言模型的飞跃，它在带来新鲜感的同时也引起了巨大的职业焦虑……在这波新技术浪潮中，电话推销员、高等教育人文学科从业者、会计、咨询师、法官等工作受到的冲击最大，这或许因为大多数白领工作都基于语言和文字处理能力。但在失去职业安全感的同时，我们也正获得重新定义“工作”的机会。

——肖楚舟《新一轮失业潮席卷，“打工人”怎么办？》

还好，世界上有苦难，也有困苦中的欢乐；人们有诸多不便，但也一直都在求取更好的生活。

——黑桃《我在上海开出租》

没有人过着如愿以偿的顺遂人生，所以大家都觉得别人比自己幸福。

——坂口安吾《青色地毯》

我们还在的时候，你们一年回来一次。若我们去了，你们有时间了就在清明的时候回来上个坟；如果没有时间，那也没事，在城里找个十字路口，朝着老家的方向烧几张纸，我们也能收到；如果这点时间也没有，那就算了，我和你爹能够理解……

——山山《母亲的病》

在危急状态下，人的本能可以救自己，但医生不同，他只有克服不适宜的本能，才能救人。

——薄世宁《命悬一线，我不放手》

这是糟糕的一天，不是糟糕的一生

“正常”其实是主观的，没有什么标准答案。这个地球上有70亿人，就有70亿种正常。

——马特·海格

心理健康，是需要付出代价的，而一个常见的代价是“我不再是众人口碑中的好人”。

——武志红

我开始告诉自己：我感受到的不舒服就是不舒服，我感受到的不友好就是不友好。

——要承认自己的感受，用不着过度反思自己

茶杯里的风暴在鱼缸中不值一提。

——当你无法忘记一个人或者一段经历时，你只能用更宏大的世界稀释它。问题有多大，取决于你的世界有多大

原来人和电脑系统一样，都是向下兼容的。你见到一个人，一见如故、相谈甚欢，是因为对方的心境和格局几何倍数地大于你，他承受过你平方倍的苦痛，他重建过比你更残破的废墟，你的一切羞赧和狼狈，他都能轻松打理平整。

——荷小姐《三号心理咨询室》

哪吒和孙悟空，都是被很多少年人视为偶像的人物，崇拜他们，是崇拜那一种孩童式的叛逆、顽劣、为所欲为。而这种叛逆，实质上，并不是出于独立，而是出于更深的依赖。

——陈思呈《一走就是几万里》

接得住彼此的喜悦和坠落，也接得住光明和隐晦。

——朋友之间最重要的是“接得住”

许多人会认为过度负责、大包大揽是“认真负责”的表现，但这种好像“没了我就不行”的感觉，在心理学上还有另一种解释——安全感缺失。

——过度的“责任感”其实是因为缺乏“安全感”

这个世界上，没有“刀子嘴豆腐心”这种说法，刀子嘴就是刀子心。因为语言对人的伤害并不比用刀子捅伤人的伤害来得轻。当你说话伤害别人的时候，实际上就是把一颗颗钉子钉在了树上。虽然最后你可能会道歉，自以为将钉子拔掉就好了，但实际上钉子还是在树上留下了一个个小孔，并且将永远存在。

——俞敏洪

从小就被教育，爱这个爱那个。其实很简单，你在困难的时候，谁爱你你就爱谁。

真正活得好的人，活在对自己日常生活丰富的体验里；活得不好的人，活在各种人生的概念里。

——人生就是一边经历一边成长

原生家庭、夫妻伴侣和觉醒的自己。

——命运的三个节点

爱是常觉亏欠，不爱是常觉亏本。

——爱的法则

你不理我，我也不会理你。

——就是这样的念头结束了很多关系，也熄灭了很多可能

把自己重新养一遍，做回纯粹的自己。

——最近，“重新养育自己”成为一种生活方式的新潮流。有网友总结了自我养育攻略：去好好享用曾经渴望却不可得的美食，按照自己的想法布置一个属于自己的房间，

认真学一门曾被搁置的兴趣爱好……

这是糟糕的一天，不是糟糕的一生，我们明天再试一次。

——明天世界未必会变好，但睡过一觉，我们可以重新想点办法

鹏很伟大，可是我只想做蜩与学鸠，也没什么不对。

——不要和别人比较，每个人完成生命的方式是不一样的

汪洋一般的夜里，少年们快乐得像一座森林。洪荒中的哪一刻，我们才算真正的自己？嗯，舍得忘了“自己”的瞬间。

——综艺中的“神级”文案

自律的本质是极度的欲望。

——所以，减肥难的本质在于，你对美食的欲望大过你对好身材的渴望

“药”的繁体字（“藥”），由草字头和“乐”的繁体字构成。

——凡是能打动你的，让你变得快乐、放松、愉悦、宁静的，就是你的药

焦虑不是恶魔也不是敌人，它像是一个过度保护你的朋友。因为它曾经看到你受伤害，所以想保护你的安全。不要粗暴地对待它，你应该向它证明，你已经强大到能处理任何事情，可以保护自己了。

——减少期待，戒掉敏感，这是快乐的黄金法则

把“我很完美”改成“我要努力做得更好”；把“我很聪明”改成“努力就能有回报”；把“好难啊”改成“难的事我才做”；把“我不行”改成“我可以迈一步，看看会发生什么”；把“我很傻”改成“我只是还没学会”。

——关于如何培养成长型思维，朱莉·利思科特－海姆斯如是说

想要拒绝别人的时候，一定要大大方方地说出来。因为不敢或者不好意思直接说出来，所以找很多借口掩饰，反而会让别人觉得你这个人扭扭捏捏很奇怪。

——如何拒绝别人

我是唯一，我是世界的谜，我是妈妈的奇迹，我是大地的及时雨，我是我此生无法带走的纪念品，我是世间沧海中最伟大的一粒米。

——每天三遍打气诗

“一切发生皆有利于我”，这是心态；“让一切发生皆有利于我”，这是策略。

——处理问题的方式

我们住在笼子里，而猴子生活在外面

考试作弊就像瘟疫一样，会破坏社会和教育体系。

——印度男子Khandare为了帮妹妹作弊，假扮成警察潜入学校，因不标准的敬礼动作在警察面前暴露

什么更重要？艺术还是获得健康和可持续食物的权利？

——在巴黎卢浮宫，世界名画《蒙娜丽莎》被两名“食品反击”组织的气候活动人士泼了南瓜汤，幸好有玻璃罩保护，没有造成损坏

我无法形容，终于完成化疗感觉多么轻松。过去九个月对我们一家人来说异常艰难。正如大家所知，生活无常，我们必须设法走出困境，摸索前行。

——英国凯特王妃从公众视野消失了大半年，在经历了婚变、谋杀等各种阴谋论后，她发布视频声明，她将在“可以的时候”重新开始承担王室职责，现在她正专注于摆脱癌症

最初是东南亚的区域性犯罪，现在已经演变成一场全球人口贩运危机。

——国际刑警组织秘书长于尔根·斯托克表示，在网络匿名、新商业模式和疫情的推动下，东南亚有组织的犯罪团伙规模空前扩大，网络诈骗的受害者高达数百万人

你们享受，我们受苦。

——西班牙特内里费岛爆发了超5万人的抗议活动，他们对政府过于偏重旅游业并忽视原住民生活的情况表示强烈不满

这次旅程证明了创新、协作和提高标准塑造我们未来的力量。

——来自摩洛哥的虚拟网红肯扎·莱利获得了首届AI选美比赛的冠军

那是我不可抑制地发胖的根本原因，只有不断地吃才能让我有所缓解。

——英国男子霍尔顿因遭遇校园霸凌出现心理问题，进而暴饮暴食，体重达到惊人的600斤，被称为“英国最重的男子”。最终，他因器官衰竭和肥胖去世

我从来不会计划得很远。我，活在当下。

——美国101岁辛普金斯奶奶在辍学81年后和孙女入读了同一所社区大学

我们试图展示代表阿拉伯世界的优雅泳衣。

——摩洛哥设计师甘扎勒在沙特阿拉伯举办了该国首场以泳装模特为主的时装秀。这一举动突破了传统，因为不到10年前，该国女性还被要求穿裹住全身的长袍

她说不知道为什么要这么做，或许出于绝望。

——74岁的美国妇女Mayers在被骗走全部积蓄后，持枪抢劫了一家银行，案发后不到两小时被警方逮捕

30年内肯定会建成，文明扎根。

——美国太空探索技术公司CEO马斯克表示，30年内，人类能够在火星上建造一座城市，并且生活在那里

为什么悲痛中的可怜亲属要在葬礼上站起来发表演讲呢?

—— 一名没有心脏病史的英国女子在81岁公公的葬礼上致悼词时突然心脏骤停，倒地身亡

我们住在笼子里，而猴子生活在外面。

——由于游客锐减，泰国旅游城市华富里市约3500只猴子缺乏食物，开始骚扰本地人的生活，甚至出现伤人事件，形成“猴灾”

没有外星人，也没有关闭哪个机场，没有向公众隐瞒任何事情。

——针对迈阿密海湾市场附近疑似出现外星人事件，该市警察局奥尔塔发布视频辟谣

我的目的是帮助了解犯罪现象，从而尽可能地进行预防。

——意大利黑手党成员罗马诺在监狱服刑期间，根据自己的犯罪生涯撰写了一篇长达170页的社会学论文，并在文中交代了三起未被侦破的谋杀案

这是一个艰难的世界，但我们应该怀抱梦想继续前行。

——韩国最大在野党党首李在明在釜山出席活动时遇袭。他曾在新年第一天于社交平台上发布上述新年祝福

甭管我钓的鱼有多大，反正比你的大！

——泰国男子Sujit跟朋友就“谁钓到的鱼更大”发生激烈的争执，被朋友用鱼叉击中头部，险些丧命

新德里有280万人渴望获得一滴水。

——因要求印度中央政府为首都提供更多水资源，新德里水利部门负责人阿蒂什绝食抗议，一度被送往医院治疗

任何国家都无法独自化解气候危机，这是全球动员的时刻。

——联合国秘书长古特雷斯在世界环境日到来之际，呼吁国际社会直面气候变化的事实，立即采取行动

年轻不是问题，当下是新一代的时代，年轻一代会更加活跃。

——泰国前总理他信之女佩通坦·钦那瓦当选泰国新总理，副总理兼交通部长素里亚受访时表示祝贺

不应该拿民众生命和健康当赌注。

——由于韩国政府没能解决医疗危机，忠清北道一名2岁9个月大的女童溺水后辗转多家医院遭拒收，最终不幸离世

现在你们居然批评我们。85亿美元！真是虚伪。

——对于冯德莱恩回应对欧盟多项政策的批评，匈牙利总理欧尔班表示，自俄乌冲突爆发以来，西方国家花费85亿美元，从土耳其或印度的炼油厂购买俄罗斯的石油

拥抱不能超过3分钟，如想要更亲密地告别，请使用停车场。

——新西兰达尼丁国际机场在送客区域设置了“拥抱不能超过3分钟”警示牌，机场首席执行官波诺表示，旅客只有快速流动起来，才能让更多的人体验到那种短暂而有温情的拥抱

一块真真正正具有历史意义的霸王龙化石被发现了。

——三名小学生在美国北达科他州徒步旅行时发现了一块化石，专家确认它来自一只幼年霸王龙。此事被一个摄制组全程记录并以纪录片的形式播出

不是每个人都需要学位，如果每个人都有，它的价值也没了。

——由于支付不起昂贵的大学学费，美国很多学生在高中毕业后，选择性价比更高的职业培训项目

中医甚至成了他们生活中的一个重要组成部分，他们可以知道四季吃不同的东西，春天怎么排毒，夏天怎么养心，冬天怎么培本。

——匈牙利是欧洲首个为中医药立法的国家

当指尖划过历史，眼前已是万里江山

日常生活中的怕与爱、不安与希望，正是历史的另一个具体而真实的侧面。

——每一个平凡的普通人，都是历史真切的书写者

我们平时不是读历史吗？一本历史书除了告诉我们些另一时代最笨的人相斫相杀以外有些什么？但真的历史却是一条河。从那日夜长流千古不变的水里，石头和沙子，腐了的草木，破烂的船板，使我触着平时我们所疏忽了若干年代若干人类的哀乐！

——沈从文

如果说王勃的“海内存知己，天涯若比邻”是打开盛唐大门的一把钥匙，那么杨炯的“宁为百夫长，胜作一书生”就是盛唐大门的初启，正是书生们以天下为己任的一声声有力的呐喊，唤醒了整个唐朝。

——张梦焕

在历史的转折处，英雄常常横刀立马，力挽狂澜；在命运的转折点，英雄常常视死如归，勇赴国难。

——《中国诗词大会》

史学家余英时评价阳明心学为“一场伟大的社会运动”，他说，王阳明是要通过唤醒每一个人的“良知”的方式，来达成“治天下”的目的。这可以说

是儒家政治观念上一个划时代的转变，我们不妨称之为“觉民行道”，与两千年来“得君行道”的方向恰恰相反。他的眼光不再投向上面的皇帝和朝廷，而是转注于下面的社会和平民……这是两千年来儒者所未到之境。

——最爱历史《500年来第一牛人，横空出世》

秦始皇由著名的兵马俑大军守卫，很多其他墓葬则以石门和巨大沉重并经过精心凿刻的石块封闭。死者似乎对外界怀有很大的恐惧。

——无论秦始皇陵多么壮丽，它都不过是一件用来容纳恐惧的容器。陵墓有多大，秦始皇的恐惧就有多大

将军百战身名裂。向河梁，回头万里，故人长绝。

——辛弃疾《贺新郎·别茂嘉十二弟》

事了拂衣去，深藏身与名。

——李白

藏锋、隐智、戒欲、省身、求实、慎言、节情、向善。

——北宋宰相、词人晏殊说，安身立命要谨遵这16个字

爱国情绪饱和在陆游的整个生命里，洋溢在他的全部作品里。他看到一幅画马，碰见几朵鲜花，听了一声雁唳，喝几杯酒，写几行草书，都会惹起报国仇、雪国耻的心事，血液沸腾起来，而且这股热潮冲出了他的白天清醒生活的边界，还泛滥到他的梦境里去。

——钱锺书《宋诗选注》

历史的江河奔腾不息，在冲波逆折处更显壮丽。历经百转千回，那些无法被时光冲淡的，是精神的凝聚、价值的沉淀；那些始终激励人们前行的，是家国的书写、大我的境界。

——《人民日报》

假如说哲学使人聪明，文学催人产生激情，那么史学则教人冷峻。什么叫“历史感”？历史感就是一种大时间感。胸中有了大时间格局，就能像斯宾诺莎说的：“不笑，不悲，也不怨，只是为了理解。”

——华东师范大学教授王家范谈“什么叫‘历史感’”

小说是一个民族的秘史。

——巴尔扎克

我们一手拿着科技的利剑开辟未来，一手拿着传统的药箱给前进的人类疗伤。

——曲道奎

从不断更新的带杂质的空气中，孕

育出我们，我们的动物、植物，我们 40 亿种纷扰的意见，我们千年的历史。

——普里莫·莱维《元素周期表》

每一个引得观众发笑的人物，其实都有一个悲情的内核。

——陈佩斯

当一个伟大的时代来临的时候，其实有很多的小人物都在兢兢业业地做着自己应该做的事情。当我们每一个人都能把自己所承载的工作做到最好的时候，这个时代一定是一个伟大的时代。

——《国家宝藏》

再小的个子，也能给沙漠留下长长的身影；再小的人物，也能让历史吐出重重的叹息。

——余秋雨

一阵清风，一口清茶，在和煦的阳光下，当指尖划过历史，眼前已是万里江山。

——纪录片《千古风流人物》

生活中真正的勇士，向来默默无闻，喧哗不止的永远是自视高贵的一群。

——路遥《平凡的世界》

千年后如若我再生于祖国的河岸，千年后我再次拥有中国的稻田，和周天子的雪山。

——海子《以梦为马》

文化是生命的花朵。离开生命本原，文化不过是人造花束。

——周国平

一千年的时间里，匠人们孜孜不倦地在文明交汇的渡口反复描摹自己文明里的日常和细节。壁画映射了当时的世情和日常，可以说是一座历史的影像库。

——曾有敦煌学学者如此定义莫高窟

想想地球的年龄，那些地质时代，沧海桑田。想想银河系的年龄，宇宙的年龄。全都是以十亿年计。而我们，你和我，我们的生命转瞬即逝。

——唐·德里罗《零K》

当你诚实地记录和认识自我的生命，那往往意味着更多：你还记录了时代。

——杨本芬《浮木》

夜晚用星星的献礼包裹天空。在这样的时刻，一个人会想起身，向时代、历史、宇宙说话。

——马雅可夫斯基《已经过了一点》

我们从诞生跋涉到死亡，以为走得够远了，只不过在它两节脊骨之间绕行；使尽一生气力厕一堆有血有泪的故事，以为够悲壮了，也不过是它挠痒时爪缝里的尘垢。

——简媜

千万别忘了唱片内页散发的油墨香，纸的触感，与翻动时迎面而来的风。这些事永远不会被冷的科技给取代。

——陈德政

回首近代，百年三万六千日，饱尝民族苦难，历尽变革风霜。烽火硝烟，江山激昂，挽狂澜于既倒，撑大厦于断梁。春风又绿神州，华夏再沐朝阳。

——《中华世纪坛序》

报国不是工作，是信仰。

——电视剧《伪装者》

国人无一旁观者，国虽小而必兴；国人尽为旁观者，国虽大而必亡。

——梁启超

大丈夫生于天地之间，应自强不息，夫爱国之士，不惧九重之渊。

——纪录片《逃出大英博物馆》

祖先给我们留下的，是宝藏，更是责任。而一代又一代坚守责任的人们，就如同盏盏长明的酥油灯，点亮了千年时光，让这座汇集了所有虔诚与想象的宫殿，永远在红山之巅熠熠生辉。

——《国家宝藏》

祖国不是任何人，但却是我们全体。愿你我的胸中永远燃烧这明净而神秘的火焰。

——博尔赫斯《1966年写下的颂歌》

历经沉浮，休戚与共。然兴衰往复，皆不足为惧，于沉寂中孤守，于浮华中炼心。

——纪录片《本草中国》

一个民族的自卑和自大都源于对本民族历史文化的无知。

——梁思成

流光一瞬，华表千年。

——张可久

文明就是传达。需要表达、传达之事一旦失去，文明即寿终正寝。

——村上春树《且听风吟》

我生平优点不多，但自谓爱国不敢后人，即使把我烧成了灰，每一粒灰也还是爱国的。

——季羡林

破茧成蝶

少年，你准备好利剑与铠甲了吗？

生命久如暗室，不妨碍我明写春诗

我虽然没有和人生和解，但终究还是要重新活下去。

“有人说是因为那里风很大，所以语尾非常短，因为风声会打断语尾。”

——韩江《不做告别》

让别人快乐，叫作情商；让自己快乐，那才是人生。

——文长长

每个人心里都有一个好消息在等待自己。这个好消息就是，你对自己还不够了解，不知道你有多么了不起，不知道你有多么广博的爱，不知道你有那么多的可能，不知道你有那么大的潜力。

——安妮·弗兰克

我的人生很好，只是不那么杰出罢了。

——布莱克·克劳奇

与其苦苦追寻失去的东西，还不如好好珍惜自己眼前拥有的东西。

——小川糸《山茶文具店》

你所清楚预见的、热切渴望的、真诚追求的、全心全意争取的，都会自然而然地实现。

——保罗·麦尔

我一直希望有一天，我能保持敬畏，同时无所畏惧，直到我连自己的脆弱都坦诚相待，那脆弱也就是我身体的一部分。我也敬畏脆弱的力量——接受放弃、接受失去，与其说是破坏的力量，不如说是另一种生长。

——樊小纯《不必交谈的时刻》

原来，美美地睡上一个好觉之后，不管是人还是青蛙，心情都会变好起来呢。

——新美南吉

要想面对一个新的开始，一个人必须

有梦想、有希望、有对未来的憧憬。如果没有这些，就不叫新的开始，而叫逃亡。

——玛丽亚·杜埃尼亚斯《时间的针脚》

生活是活给自己看的，你有多大成色，世界才会给你多大脸色。

——《人民日报》

如果你瞄准月亮，即使迷失也是落在星河之间。

——杨熹文

生活给了我多少积雪，我就能遇到多少个春天。

——王计兵《我笨拙地爱着这个世界》

玫瑰即使换一个名字，她也依然芬芳。

——莎士比亚《罗密欧与朱丽叶》

人生不可能有职业人士。有的人可能会时常摆出一副人生专家的样子，但实际上，每个人都是新手，都是外行。

——伊坂幸太郎《华丽人生》

任何一份生命都有它生长的创痛与成长的过程。

——三毛《亲爱的三毛》

真正的快乐，不是狂喜，亦不是苦痛，在我很主观地来说，它是细水长流，碧海无波，在芸芸众生里做一个普通的人，享受生命一刹那的喜悦。

——三毛《雨季不再来》

不要把精美的瓷器和好酒，非留到难得的场合才拿出来，这一等可能就是永久；只要有机会，就可以拿出来。

——凯文·凯利《宝贵的人生建议》

或见或不见，花总在那里。或盈或缺，月总在那里。不要做一朝的看花人吧！不要做一夕的赏月人吧！人生在世哪一刻不美好完满？哪一刹那不该顶礼膜拜、感激欢欣呢？

——张晓风《月，阙也》

既然是梦想，不妨就让它完美些吧。何必连梦想也那么拘谨那么谦虚呢？我便如醉如痴并且极端自私自利地梦想下去。

——史铁生

没有目标也无妨。认真过好“此时此刻”，这本身就是跳舞。不要把人生弄得太深刻。请不要把认真和深刻混为一谈。

——岸见一郎、古贺史健《被讨厌的勇气》

人各有状况，有些非己莫知；道路也有多条，各具所长，能够选择当然最好，如果无从选择就自己创造和开辟新的道路。人拥有可以反复尝试的自由，也拥有停步或者回头的权利。

——松浦弥太郎

1.获胜的龙虾从不低头：笔直站立，昂首挺胸

2.像照顾生病的宠物一样关心自己：待己如助人

3.放弃损友：与真心希望你好的人做朋友

4.战胜内心的批评家：和昨天的自己比，别和今天的别人比

5.管好你家的小怪物：别让孩子做出令你讨厌他的事

6.当痛苦到想诅咒一切：批判世界之前先清理你的房间

7.苏格拉底的选择：追求意义，拒绝苟且

8.不买醉鬼卖的东西：说真话，或者至少别撒谎

9.别偷走来访者的问题：假设你聆听的人知道你不知道的事

10.不要无视地毯下的龙：直面问题，言辞精确

11.不要打扰玩滑板的孩子们：承认现实，反对偏见

12.当你在街上遇到一只猫时，摸摸它：关注存在的善

——多伦多大学心理学教授乔丹·彼得森的《人生十二法则》

一个有态度的人是不会把别人的态度放在心里的。你会衡量，会掂量，但你不会让它占据你的内心。

——刘同《谁的青春不迷茫》

想开一家花店，想成为一名演员，想去周游世界……这些迫切长大才能实现的梦想，很多人都提前拥有过，奈何梦境与现实彼此对峙，寒窗十年，我们的青春半径注定被画在那方窄窄的书桌上。把不愿做的事情做好，是一种动人的品质，而与

喜欢的事情迟一些相遇，也没什么不好。

——程则尔《少年，你准备好利剑与铠甲了吗？》

世界没有悲剧和喜剧之分。如果你能从悲剧中走出来，那就是喜剧；如果你沉湎于喜剧之中，那它就是悲剧。

——科马克·麦卡锡

对别人有什么发现，通常对自己并没有什么用。自己对自己的发现，点点滴滴都非常有用。人要少研究别人，多去发现自己。

——半山《半山文集》

人生如行路，一路艰辛，一路风景。你的目光所及，就是你的人生境界。总是看到比自己优秀的人，说明你正在走上坡路；总是看到不如自己的人，说明你正在走下坡路。与其埋怨，不如思变。

——卡耐基《你变了，世界就变了》

读书对于我来说是驱散生活中的不愉快的最好手段。没有一种苦恼是读书所不能驱散的。

——孟德斯鸠

此时此刻，我对当下的状态无比满足，并且对明天要睡的懒觉、要收到的花、要自己下厨做的菜、要看的小说都充满了期待。

——巫小诗

长大后懂得了一个道理：不贬低别人喜欢的东西，不炫耀自己拥有的东西，对几元的东西和几万元的东西，只要到了身边，就以价值而不是价格来评判、爱护。

——渡渡鸟

若是命运摆在你面前的是残羹冷炙，你也要把它当成华堂盛宴吃下去。

——电视剧《芈月传》

当你心里感到空落落的，就必须读点书。

——海明威《流动的盛宴》

你自己选的路，分不清楚对错的时候，就记着两个字：不退。

——电视剧《长安十二时辰》

这个天地，我来过，我奋战过，我深爱过，我不在乎结局。

——《悟空传》

我思想搞通了，日子反正要过，愁眉苦脸，不如眉开眼笑，一念之差，云泥之别，我才不与自己作对。

——亦舒《伤城记》

人啊，心头一定要有个怕，有个躲。世间很大，天外有天，山外有山，不能太任着性子，该低头时要低头，该认错时要认错。

——麦家《人生海海》

黎明即起，我感到幸福；散散步，我感到幸福；看见妈妈，我感到幸福；离开她一会儿，我也感到幸福。我在树林和小丘间游荡，我在山谷中徘徊，我读书，我闲暇无事，我在园子里干活儿，我采摘水果，我帮助料理家务——不论到什么地方，幸福步步跟随着我。这种幸福并不是存在于任何可以明确指出的事物中，而是完全在我的身上，片刻也不能离开我。

——卢梭

人心呀得狠一点才行。比辣椒还要冲，比蒜还要辣才行。别人想抢我一百元，我就抢他两百元；别人要让我眼里流泪，我就让他眼里流血才行。可是那个丫头说不是那样的，她说世道会变好，善良正直的人会幸福的。

——李沧东《烧纸》

没见过海，不代表不能雀跃。缺乏改变世界的能力，不代表触及幸福的资格都没有。

——野象小姐

你来到这个世界，也可以做同样的事。轻松行走，让光充满自己，也让自己发出亮光。

——玛丽·奥利弗《当我置身于树林间》

没关系，你不必喜欢自己的全部过去，也不必释怀。你只需要知道，过去的作用是把你带到现在……这就够了。

——约翰·史崔勒基《重返世界尽头的咖啡馆》

绝望和希望之间的最佳桥梁，是一个良好的睡眠。

——马修·沃克

如果可以，希望你善良，但不要对恶一无所知，因为这个世界并不简单。

——东野圭吾《恶意》

人在黑暗里待太久了会畏光，在雪地里待太久了会雪盲。我们在习惯一种生活状态时，就会对“改变”这件事产生本能的恐惧，有时候甚至连生理机能都会帮我们一起抵抗。

——房琪

这么多年，你一直在批评自己，可也没什么效果，试着认可自己，看看会发生什么。

——露易丝·海

这个世界也需要无用的东西呀，要是什么都有意义的话，不是叫人喘不过气来嘛。

——是枝裕和

给自己时间，不要焦急，一步一步来，一日一日过，不要急，请相信生命的韧性是惊人的，跟自己向上的心去合作，不要放弃对自己的爱护。

——三毛

不好的事会变好，好的事会变更好，很好的事会变超级好，总之就是会越来越好，哈哈，我非常确信。

——朱德庸

人不应该是插在花瓶里供人观赏的静物，而是蔓延在草原上随风起舞的韵律。生命不是安排，而是追求，人生的意义也许永远没有答案，但也要尽情感受这种没有答案的人生。

——弗吉尼亚·伍尔芙

追求成功的过程就如同攀登高山，有人渴望山顶的日出，但也有人偏爱山间的翠柏。你大可不必跟风奔跑。你人生的目的地，也许未必在山顶。

——简单心理《猫和狗的生活哲学》

山不动有什么关系？我们走过去不也一样吗？就在我们抬脚往山那一边走的时候，每走一步，山就向我们移动了一步。

——林清玄《呼山不来去就山》

同样是抱怨理想没能实现的人，却可以选择两种截然不同的状态：一种是背道而驰，一种是走在路上。如果选了前者，就只好渐行渐远，切莫怨天尤人；如果选了后者，我十二万分地支持你，理想总要用现实一寸寸地走出来，不积跬步无以至千里。暂时没实现的理想，只有到临终前，才有资格说它破灭了。

——王潇《趁早》

去接受一些你不了解的东西，去争取，去相信自己可以改变一些事情。

——蕾秋·乔伊斯

世上最美妙的莫过于此，在不谙世事的年纪，对生活的全部期待就是绚烂的理想本身。

——赫恩曼尼

你只管做自己的事，把你的全部身心都投入正在发生的事情中去，而不是把你的全部身心都投入个人的敏感多虑中去。

——迈克尔·辛格《清醒地活》

当你的眼睛适应了真正的黑暗后，你会发现黑暗本身也是一种明亮。

——迟子建《雪山的长夜》

坏日子要飞快地度，好日子要细细地品。

——梁实秋《快乐就是哈哈哈哈哈》

他知道奥林匹斯山上的神火为何而燃烧，那不是为了一个人把另一个人战败，而是为了有机会向诸神炫耀人类的不屈。

命定的局限尽可永在，不屈的挑战却不可须臾或缺。

——史铁生《我的梦想》

不要对日常生活太过敏感。和什么样的人一般见识，你也就是什么水平。

——渡边淳一《钝感力》

真正的出路，不在于逃离原生家庭，而是在于我们的内心是否对自身的境遇有所认知，并在认知的基础上做出不一样的选择。

——郑琼

拥有自由、书籍、鲜花和月亮的人怎会不快乐？

——王尔德《自深深处》

按自己喜欢的方式生活不叫自私，要求别人按自己喜欢的方式生活才叫自私。

——王尔德

我浪费了太多时间，担心会不会出问题，但真正出问题的，从来不是我担心的事。

——电影《世界上最糟糕的人》

如果一艘船不知道该驶去哪个港口，那么任何方向吹来的风都不会是顺风。

——塔尔莱特·赫里姆

我们可以转身，但是不必回头，即使有一天，发现自己错了，也应该转身，大步朝着对的方向去，而不是一直回头怨自己错了。

——刘墉

当一切进展顺利时，我就相信命运；当命运不站在我这边时，我就不相信它。信还是不信，取决于命运要带我走向何方。

——郑钦文

当不好的事情发生时，你有三个选择：你可以让它定义你，让它摧毁你，也可以让它使你变强。

——西奥多·苏斯·盖泽尔

该怎样做决策呢？最好的结果是你想要的，最坏的结果是你可以承担的，那就是你可以去试试的。没有什么事是“一定能成”的，你控制好了风险，就可以去多做尝试。尝试越多，机会越多。做事越多，成事的可能性就越大。

——李鲆

二十岁时，我们的日子还很长，你尽可以有一百次犹豫不决，一百次异想天开，一百次重新选择——我们拿起一张牌，当时就得决定是保留这一张丢掉另一张，还是丢掉第一张保留第二张。还没等我们弄清楚，牌已经打完，而我们刚才所做的决定将影响到我们未来几十年的生活。

——埃默·托尔斯《上流法则》

所谓高考一场，不过成长一仗

如果说上哪一所大学，读哪一个专业，要成为什么样的人还是一个相对遥远的命题，那么不妨专注于高考，专注于当下的每一节课，每一个知识点，每一道错题，每一次在学习中获得的无与伦比的成就感。

——刘奕岑

好学生的学习能力，跟天才运动员一样，真的是一种本能。目前喧嚣的是家长的焦虑，孩子从小就面临的竞争简直无法逃脱，但总是会有许多聪明的孩子，出于本能地热爱知识，从学习中获得极大的乐趣，顶尖高中就是为这些具备学习天赋的孩子准备的。如果没有这样一群聪明的孩子，那未来将是多么无趣。

——苗炜《顶尖高中是为谁准备的？》

入场，坐定，提笔，沉思。此刻你便是自己的中心，此刻这里就是你的主场。

——十年春风化雨，此刻笔下生花

盛夏七月，眼泪与汗水一样丰沛而无耻。我仿佛听见命运的大门缓缓关上的吱嘎声……我一度以为，我一度那样真真切切地以为，这是我人生中最无可挽回的失败。在后来高中好友们一一被名牌大学录取的报喜声中，在后来一次次首都顶尖高校的昔日好友满面春风的精英型同学聚会中，在后来的后来，我愚蠢而耐心地反复咀嚼着这一次失败的味道，几近一蹶不振，为这一个理想的幻灭赔上了此后将近三年的无所事事的荒凉青春。在二十岁出头的关口，我才明白过来：不懂得从一次失败中站起来，永远跪在地上等待怜悯并且期待永不可能的时间倒流，才是人生中最无可挽回的失败。

——七堇年

学习能力也好，执行力也罢，核心只有一个：在刚开始的时候，平静地接受自己的笨拙。

——李笑来

在这世上，很少有事情有正确答案，所以一定要拼尽全力、心情愉悦地准备考试。

——伊坂幸太郎《哦！爸爸》

考试的后果太重大，所以大家都把考试看得很认真。

——梁实秋《谈考试》

好多年了，都有人问，读书到底有什么用。我都是这么回答的，读书能填上心里的洞。

——卢思浩《漫长的旅途》

高考其实就是你的成人礼，中国式成人礼。从今天起，你能否一个人肩负起生活，昂首阔步向前呢？高考毕业季，既要为这场大考交上最漂亮的答卷，更要为新的生活、新的成长准备好心境和力气。

——许开祯

生命里无疑还有许多夏天，但肯定没有一个夏天，会如今夏这般令人难忘。……孤勇之后，世界近在眼前。

——致高考的你

风透过迷惘吹来夏天，少年向远方的灯火宣告：我得去外面的世界看看，我一定要证明自己存在的意义。

不必羡慕一飞冲天，努力的人终会顶峰相见。

今日桂枝平折得，几年春色并将来。

——贯休《闻许棠及第因寄桂雍》

所谓高考一场，不过成长一仗。

——《人民日报》

我给自己定了一个目标：永远要比第

一名多学五分钟。

——李姗姗

学习的成果如何，不能由一两次的考试来评估，更多的是要看自己的学习感受。你付出了多少努力、学到了多少知识，没有人比你更清楚，不要因为成绩不理想就否定自己的感知。

——钟玥

没考好，不意味着人生在这个夏天被杀死了。没考好，只是意味着从此开启了和同龄人不同的副本。只不过这次没有标准答案：你的人生，再不会有标准答案这种东西。

——《放心，高考杀不死你18岁的人生》

他日卧龙终得雨，今朝放鹤且冲天。

——刘禹锡《刑部白侍郎谢病长告，改宾客分司，以诗赠别》

一鸣从此始，相望青云端。

——刘禹锡《送韦秀才道冲赴制举》

明年此日青云去，却笑人间举子忙。

——辛弃疾《鹧鸪天·送廓之秋试》

愿少年此去，青山不改，波涛怒卷十万楼台，独立群峰天堑，人间快哉；

愿少年此去，把酒塞外，边关叠嶂春风回旋，挽弓射箭告捷，白马东来；

愿少年此去，蟾宫折桂，蛟龙扶摇叩问四海，十年寒窗不懈，换我登天。

这一刻不是十年苦读的终点，而是探寻人生的新开始。

不焦，不虑，不慌，不畏，你只管执剑上场，跨越题海书山，纵步人生春山。

没有什么是熬不过去的，享受这些重复而艰难日子里的确定感吧。

即使被骗好多次，也依然会相信那句话：“老师来了。”

山顶处的光可能会更耀眼，所以要在山顶相遇，那是离太阳更近的地方。

有一种落差是，你配不上自己的野心，也辜负了所受的苦难。

世界灿烂盛大，欢迎出发。

如果以后变成井井有条的大人，请不要忘记你曾经生动的灵魂。

高考结束，人生才刚刚开始。愿此去前程似锦，再相逢依旧如故。

理想大学，此处通往繁星

大学的本质是启蒙，而不是愚昧；大学的灵魂是思想，而不是驯服。

——张曼菱《西南联大行思录》

一所大学的核心价值是什么？它是教育者，是研究者，它通过教育和研究，改变世界思考的方式，改变世界运行的方式。

——剑桥大学首任全职女校长艾莉森·理查德

懂得爱的学生，知道慈悲与怜悯，知道外事外物独立的意义，知道宇宙与自然的优美。因为懂得爱，在学生年轻的心灵中，会培养其普遍而深刻之同情心。

——陈春花《大学的意义》

现在我知道上大学和接受教育的最重要理由之一，是去了解你以前一直相信的事情并非真实，而且任何东西都不能只靠外表来决定。

——丹尼尔·凯斯《献给阿尔吉侬的花束》

每个人对自由而无用都有自己的注解，无数种个性的注解拼合在一起，这才是大学真正的精神。

——曲玮玮《如何看待名校学生的自卑心理？》

第一，读书改变命运，知识就是力量。学习、读书的确未必要在学校，但学校和高考，是基本最公平和最有效率的。你要是普通家庭，更应该感谢与遵循。

第二，别以为读了几本书，有了点知识，有了个文凭就了不起了，这只是开始，只是人生的标配。

——韩寒送给读者的两句话

不要相信“没有挂过科的大学是不完整的”之类的鬼话，如果你挂了，大概率就和保研无缘了。

——pastor《大学那些我不知道的事》

在斯坦福大学，几乎我们采访的每一个人都会提到“改变世界”这句话。从“大一”新生、教授到系主任，每个人都希望用最少的资源，获取对这个世界最大的影响力。“如果你问一个问题：你想要影响什么？在加州理工，你得到的答案也许会是：我想影响物理、数学或者化学。但在斯坦福，最有野心的回答是：我想要影响人类。”

——陈赛《追寻大学精神》

人生有三件事：立言，立功，立德。立言靠天赋，立功靠机缘，立德靠一生看似平凡的坚持。

——冯友兰《读书与做人》

我时常想，学问这件东西，先要能博大而后能精深。“博学守约”，真是至理名言。

——朱光潜《给青年的十二封信》

以后的人生，不管是做人还是做学问，各个方面，你有悟性的话，你就有自己的生命力，不需要有人在你旁边指点。

——张曼菱《西南联大行思录》

此处通往繁星。

——维尔纽斯大学校训

最好的大学在高中的憧憬里，最好的高中在大学的回忆里。

——美好永远在想象中

有时候，人们自豪、骄傲，觉得自己拥有的全是靠自己。学校是自己考的，工作是自己找的，甚至房子、车子也都是自己买的，那些活得不如自己的人，不是懒就是蠢。

未必，他们可能只是没有和你一样的条件。他们没有接受和你一样的教育，没有体会过你得到过的温暖，也没有在某年某月得到和你一样的机会。

——巫小诗《我只是比较幸运》

对死亡的恐惧是一种不恰当、不合理的反应。面对死亡时要无所畏惧，不存幻想。

——耶鲁大学哲学教授谢利·卡根

大学的意义是帮助我们脱离一个群体的衡量标准，找到自身的评价体系，是从崇拜集体主义下的“优秀”勋章过渡到建立自我的满足和成功。不是让你去成为别人口中的第一，而是让你弄清楚自己是谁，需要什么，能为这个世界做些什么。

——尹维安

很多人遇到问题喜欢一个人琢磨，实际上绝大部分的问题别人都遇到过，甚至有标准答案。

——谈到大学时学到的经验，雷军这样说

高中：两天用完一支笔。

大学：两学期用完一支笔。

——高中与大学的不同

年轻一代的兰大学子最常讲的一句话是“吾校虽瘦，必肥华夏”，就连最彰显个性的学生社团，公益类社团几乎占了半壁江山。从希望“黄河流碧水，赤地变青山”的兰大绿队，到环保社团兰州大学达尔文协会……兰大社团的根骨，是扎在学子们的热血情怀里的。

——《最有侠气的兰州大学》

我个人觉得，我们之所以内卷，并不一定是因为我们人多，也不一定是因为资源少。而恰恰是因为我们的欲望被外在的机制单一化，所以会对同一个东西进行无谓的争斗。

相反，如果我们知道自己想要什么，真正把自己的欲望和事物的真正的价值相连接，这样也许我们就可以自然地实现欲望的多元化。而当一个社会的欲望实现多元化的时候，所谓的资源的稀缺，也应该会被相对缓解，而人与人之间的冲突，也应该会被降低。

——朱锐教授致人大毕业学子

你也驻足在人群里，高濑川畔的杨柳美透了，记忆中，只有诗词描述的苏州和大学时学校侧门琉公圳畔的情景可比。

——朱天心

进入大学以后，统一的、作为唯一衡量标准的标准化考试消失了。我发现我不仅可以发出自己的声音，而且我的声音可以得到认可。我可以自己提出问题，自己去找解答问题所需要的知识，自己给出答案——不需要去迎合谁出的标准答案。

知识终于露出了它令人愉悦的本来面目。

——pastor《大学那些我不知道的事》

人生的道路很长，希望你们始终能够保持乐观包容的生活态度，经得起社会大熔炉的历练，在不同的环境中丰富自己的人生阅历、积累处世的经验、磨炼自己的心志、感知成才的真谛。

——黄如《两脚踏实地》

好好说话，好好相处

不要先说话后做事，要先做事后说话。想做的事做成了，还可以不说话。

——陈忠实《好好活着》

很多时候，我们的嘴需要一个撤回功能。人与人之间，总是很难把握这样一个度。这个度关乎情商，关乎敏感度，稍不留神过了界，就会让彼此都觉得不爽。所谓的说话记得带脑子，估计就是这个意思吧。

——万特特《你并非一无所有》

弗洛伊德说，一个人必须学会合理或象征性地表达他的攻击性，否则他就会出现心理问题。

——《青少年领导力》

一个好的沟通者，会把“问题意识”

自主性地转化成“方案意识”。记住，方案比问题有价值，所以，有方案的人比只有问题的人更有价值。

——《把自己当回事儿》

有人问牧师：“祈祷的时候，可以抽烟吗？”牧师回答：“绝对不行，这是不尊重。”另一个人换了个问法：“我在抽烟的时候，可以祈祷吗？”

牧师回答：“可以。”

同样的问题，得到的回复却截然不同，可见说话的先后顺序是多么重要，于是有了“沟通的四条黄金法则”：

1. 先说对方想听的；

2. 再说对方听得进的；

3. 然后说你应该说的；

4. 最后说你想说的。

——李筱懿《自在》

在大脑缺血、思维混乱的状态下，……我们成了自己最可怕的敌人，对这一点却又浑然不觉。

——《关键对话》

与人沟通，最重要的是能听出言外之意。

——德鲁克

当你想要指出某些人的问题的时候，最好先对他的某些方面进行赞同，不要吝惜自己的赞美，赞美并不意味谄媚、讨好，而是能够让别人更容易接受你意见的方法。

——富兰克林

有效沟通是指一方能让另一方轻松弄明白他原来并不明白的东西。也就是说，双方互相说的和听的，若原本就是各自都了解的东西，那真的谈不上是有效沟通，只不过是基本交流。

——李笑来

持续聊天的重点：

①应用“如果”句型炒热气氛；

②将没有融入聊天圈子的人拉进话题里；

③利用“没有答案的话题”炒热气氛；

④帮说话没头绪的人整理他讲的话。

——《好好接话》

你若不说话，不会有麻烦；你若开了口，就得有才干。

——萨迪《蔷薇园》

如果你希望成为一个善于谈话的人，那就先做一个注意静听的人。

——卡耐基

博学家一辈子说别人说过的话，天才则能说出自己的话，哪怕一辈子只说出一句，却是前无古人、后无来者的。这是两者的界限。

——周国平

人永远喜欢听自己喜欢听的东西，但是这样你是不会成长的。因为你只是在和你自己学习，你永远没有成长的机会，所以人需要倾听刺耳的东西。因为只有刺耳的东西，才能让人从昏昏欲睡中清醒起来。

——罗翔

一个会讲话的人，不是记得别人说过话的人，而是能说些让人记得的话。

——曼斯菲尔德

在吵架的时候，先开口的未必占上风，后闭口才算胜利。

——钱锺书《围城》

当我听某个人说话听烦了，想要摆脱他时，就装出欣然同意的样子。

——加缪《局外人》

一个人如果八面玲珑，能说会道，特别会来事，这个人根本不是情商高。

真正的情商高，是这个人走到人面前后，被人无限地信任，也善于把自己的好东西跟人分享，在别人有困难时，也非常愿意不计条件去帮助别人。这样的情商，才能把自己放在一群人中间，永远不会被排斥。

——俞敏洪

有什么就用什么，能做什么就先做什么。什么是解决问题的最佳方法？大科学家费曼给出的答案是：任何管用的方法。

——老喻在加

人与人的交往多半肤浅。或者说，只有在比较肤浅的层面上，交往是容易的。一旦走进复杂，人与人就是相互的迷宫。

——史铁生

古人云："不能以貌取人。"但我说：人绝对可以以貌取人，我绝对是以貌取人。外表不仅仅是外表，还有眼神和谈吐，以及很多小举动。更准确地看人。贼眉鼠眼的人也好不到哪里去。和你说话的时候，他们偷偷瞄了你一眼，不知道在玩什么馊主意。这些人应该尽量远离他们。

——蔡澜

所谓情商，所谓人情世故，所谓讨巧的处世方式，都是非常有弹性的东西，你以为做到了标准化的满分，也总会有明眼人正藏着心底的讥诮与不屑。年纪越大，活得越敞开，越仗着自己的性情处世，不是活崩了，是懒得周旋。

——花大钱

边界感的本质，是对所有权的认知。你要知道，什么是你的，什么是他的。

——刘润《底层逻辑》

一个人回避冲突，讨好别人，其实是走了一条最难走的路，你没教会自己处理问题，也没让别人看见你的真实想法，因为让渡边界，反而会制造更大的麻烦。

——武志红

愈是了解生活，愈会了解在生活的现实中，最深沉有力的东西是停顿。停顿是现实本身的现象，停顿可以表现刚刚经历过的一种纷扰之完结，又可以引领一个正要降临的情绪之触发，或者，指示一个紧张的静默。人生之坎坷，人生之被动，都是被这些停顿所表现清楚的，所以停顿不是东西死了的意思，而是人生经历上一个有动力的紧张状态。

——契诃夫

人际相处，成败都在一个“度”上，这“度”其实就是识趣。懂距离知分寸，才能长久。这距离和分寸不是疏远，也不是冷落。正如那句老梗“距离产生美”，唯有这样，我们才能尊重自己在意的人，才能安稳妥善地保护好我们之间的感情。

——万特特《你并非一无所有》

生活对理性的人来说是喜剧，对感性的人来说是悲剧。

——霍勒斯·沃波尔

做一个有趣的人的确很难，做一个识趣、懂点事的人，没那么难吧。

——万特特《你并非一无所有》

不带评论的观察是人类智力的最高形式。

——克里希那穆提

我们一心都在分析和追究自己和他人有什么问题，却不曾思索自己和他人有什么需要没有得到满足。

——《非暴力沟通》

现代人生活在这样一种错觉之下：他似乎很明白自己的追求，但事实上他追求的，不过是别人期望他去追求的东西罢了。

——艾瑞克·弗洛姆

如果你能够发自内心地对他人感兴趣，那么你将会在两个月内赢得更多的朋友，而你如果试图让别人对你感兴趣，那么即使在两年内你也不能够赢得这么多的朋友。

——《人性的弱点》

情商别太高，有时候智商接不住，有时候命运接不住。

——麦子

大多数人都把爱的问题看成主要是被爱的问题，而不是看成主动去爱和爱的能力的问题。于是，爱的问题就是如何能被爱，如何变得可爱。

——艾瑞克·弗洛姆

我们经常为了搞清楚“什么地方出了错”而过分夸大自身的责任，或者因此变得过于喜欢自我批判。

——《情绪急救》

记住，不要对别人的错误过于敏感，不要执着于所谓正确的意见，不要轻易责怪任何人。另外，当自己有过失的时候，应立刻道歉。

——《沟通的艺术》

1．如果有人对你发火，而你保持镇定，他们可能会更生气。但之后他们会为自己感到羞愧。

2．学习和记住某件事最好的方法是解释给别人听。当你解释给别人时，你会尽量精简。这样会帮助你记住要点和重要信息。

3．如果你有拖延症，但又有任务急需完成。你可以在睡觉前想想这件事。这会让你的大脑在精神上对此做好准备，开始规划一条完成任务的路线。这样当你真正开始做的时候，就简单多了。

4．如果你希望某人对你坦诚，当你发现他对你隐藏了一部分时，保持沉默并看着他的眼睛一会儿。

5．当一群人大笑的时候，每个人都会看自己最喜欢的人。

6．当你找一个人帮你个小忙的时候，会让对方产生他喜欢你的心理。那些帮过你的人比你帮过的人更愿意再帮你一次。

7．如果你感觉有人在看你，你可以看下自己的手表或者戴手表的位置。如果那人在看你，他也会下意识地看看自己的手腕或手表。

8．朋友圈里，经常晒照片的人，对自己容貌往往都很自信。

9．如果你的大脑中有个声音告诉你：你不能做成某事。尽一切办法去做，然后你脑中的声音就会渐渐安静下来。你的想法很大程度上会影响你的行为，如果你意识到脑中的想法，却仍然去行动，结果会开始改变。

10．如果一个人笑的时候，苹果肌没有鼓起来，他多半是在假笑。

——10个心理学知识

世界是我的牡蛎，我将以利剑开启

人人心中有盏灯，强者经风不熄，弱者随风即灭。

——歌德

世人只知巨龙之怒，伏尸百万，却不知蚍蜉之怒，也能摧城撼树。

——《长安十二时辰》

什么是勇敢？就是不要回头看。我一直要坚持往前走，穿过喜怒哀乐，穿过爱恨情仇，去看看大海上的春天，和那盛开的花。

——闫妮

你最近一次改变是在什么年纪，你就是多少岁。

——凯文·凯利《宝贵的人生建议》

我这个人啊，虽然经常会摔个鼻青脸肿，但摔得多了，也非常擅长爬起来。

——《跃动青春》

一辈子停在那里，以为人生就该那样，到死也不知道，其实他年少时有一刻，离突破真的不远，再坚持一下下就到了。

那个突破原本应该改变他一生。

——另维

你爬得高，走得远，不是为了给世界看到，而是为了看到世界。

——卢思浩

我们往往会高估我们一天内能做的事情，而低估我们十年内能实现的事情。

——凯文·凯利

在任何一个领域里有所成就的人，都是长期主义者，因为他们敢进窄门，愿走远路。

——沃尔特·米歇尔

理想可以远大，但要从立刻迈出一小步开始。

——海伦娜·莫里西

他不怕被绊脚石绊倒，没有一种障碍能使他改变心思。假象绝不能迷住战士的眼睛，支配战士的行动的是信仰。他能够忍受一切艰难、痛苦，而达到他所选定的目标。

——巴金《做一个战士》

就算失败，我也想知道，自己倒在距离终点多远的地方。

——马伯庸《长安的荔枝》

展现自我的脆弱面是勇敢的终极表现。

——凯瑟琳·吉尔迪纳《早安，怪物》

一直依赖别人，如果形成习惯，自然不会相信自己的力量。

——《镇魂街》

当我们在黑暗中摸索前行时，那把我们绊倒的物体同时也把我们支撑。

——周国平

永远不要屈服啊。命运是让人活下去的坚守，不是随波逐流的借口。

——六州笑

请不要担心你行动的结果——仅仅关注行动本身就好了。行动的结果会自然而然地产生。

——埃克哈特·托利《当下的力量》

世界是我的牡蛎，我将以利剑开启。

——莎士比亚

天赋玩家有他们的使命，普通选手也有自己的追求。努力不能让我凭空拥有天赋，但能把我自身的潜能发挥到最大，让自己实现最好的那一种可能性。

——薄皮大馅

有时候做事要靠计划、靠组织、靠思考和与其他人沟通……有时候则需要你向深渊纵身一跃，然后发现那并不是深渊。

——约翰·史崔勒基《重返世界尽头的咖啡馆》

已在谷底的话，怎么走都是向上，所以……你在怕什么？

——微博言论

伸手摘星，即使徒劳无功，亦不至满手污泥。

——李奥·贝纳

只有那些躺在坑里、从不仰望高处的人，才会没有出头之日。

——黑格尔

时光情书

爱不是相互凝望，而是一起凝望相同的方向

因为是青春啊，再普通也是独家记忆

谨以此记献给多年后的我自己——这个为生计奔波的可怜人，欲使其回想起年少时的天马行空、泛泛其谈，也可在命运的重担下莞尔一笑。

——知乎

青春是泼出去的水，用力地浪费，再用力地后悔。

——《疯狂世界》

在我的回忆里，我一直是青春的旁观者。我时时感到饥饿，但是我记得的是拥挤的买饭的人群；我时时感觉到拮据，但是我记得当时别人手上每一款最新的玩具；我到现在还能想起当时自己对现实的无能为力，但是我记得几乎每一个人的不同凡响之举。我从来没有觉得自己的青春美好过，但我目睹过许多真正美好的青春。

——和菜头

青春如初春，如朝日，如百卉之萌动，如利刃之新发于硎，人生最可宝贵之时期也。

——陈独秀

什么是青春呢?

是漫天飞舞的试卷，是衣着白衫的少年，是晨间的微风，是盛夏的蝉鸣，是解不出的数学题，是跑不完的八百米。

——晨光融媒中心

那一年最难的习题

也不过短短的几行笔记
现在我却总爱回忆
回忆当时不服输的你

——歌曲《继续——给十五岁的自己》

青春是神秘且炽烈的，凡我们在那年岁起身追寻、衷心赞叹之事，皆会成为一生所珍藏。

——简媜《烟波蓝》

青春是一群不知天高地厚的傻小子拼命地向前冲，然后跌倒；青春是明知道下一句台词是什么，也会毫无意外地被感动；青春就是在你的勇气快要消失的时候，有人告诉你不能怕，要向前冲。

——卢思浩

在大雪围拥的安静中，我一遍又一遍翻看这些年的文字，感到非常温暖——我正是这样慢慢地写啊写啊，才成为此刻的自己的。

——李娟

没有一代人的青春是容易的。每一代有每一代人的宿命、委屈、挣扎、奋斗，没有什么可抱怨的。

——白岩松

我不会关注别人的赞美或者诋毁。我只在意自己的感觉。

——《莫扎特传》

“长大这件事，”她对我说，“就是学着不再轻信别人对自己的评价。”

——鱼不存在

我们要经历什么，才会变成大人？要为平凡所困，要为世故抱歉，要习惯披星戴月地重复，要知晓脆弱，但能抵御来日幻变。

——《故乡，别来无恙》

当你发泄的方式再也不是换头像，改签名，发朋友圈，找朋友倾诉，而是吹吹风，静一静，习惯性地等待自愈，那恭喜你，你长大了。

——山下英子《断舍离》

人人都有难处，每个人都有自己要撞的南墙，要攀越的万重山，所见皆是命运让你见的，所有的经历都是你应该经历的。

真正的成长不是虚张声势，往往是悄无声息的。

——张皓宸《抬头看二十九次月亮》

我学会了把自己看作是我身体和思想的设计者，我要为我的身体在它存在的所有场域里的状态负责，这就是长大了吧。

——罗衣

不要贬低成长的意义，随着经历的增长、见识的拓宽和责任的加重，你的某些能力确实会消失，比如无人捧场的幽默、吃过暗亏的仗义、不被欣赏的信心、得不到回应的爱……但与此同时，你还会长出新的本事。比如，无人捧场时学会了自娱自乐，吃过暗亏后学会了小心谨慎，不被欣赏时学会了一笑置之，得不到回应时学会了及时止损。

——老杨的猫头鹰

你拥有青春的时候，就要感受它。不要虚掷你的黄金时代，不要去倾听枯燥乏味的说教，不要设法挽留无望的失败，不要把你的生命献给无知、平庸和低俗。

——王尔德

青年的动人之处，就在于勇气，和他们的远大前程。

——王小波《我的精神家园》

青春是萤火绚丽的流动银河，灿烂却也极致短暂。

——《萤火之森》

含着泪，我一读再读，却不得不承认，青春是一本太仓促的书。

——席慕蓉《青春》

童年时，我们去看动物。成年后，我们去看万物生灵如何或精巧或蛮横地被囚在它们的牢笼里。这两者之间的距离好像童年时的“我以为”和成年后的“我确是”——动物园是我们梦幻破灭的参考地。

——瞿瑞

谁不想活得潇潇洒洒、轰轰烈烈呢？没有听从自己的心疯狂追寻过梦想和爱情的青春是多么无力和苍白。可是，真的不是每一个人都拥有如此冒险的资本，理智出发的选择固然无趣，但它稳妥踏实，让人安心。

——微酸袅袅《樱花落海洋》

青春啊，大概就是某一年夏天，我为一个人淋了一场雨，生了一场大病，我被自己的爱感动得不行，觉得他肯定也会被我的一片真心打动。

但事实上呢——事实上，他根本就不知道我曾为他淋过那场雨。

——长欢喜

越来越体会到“感受的能力”会随着年龄的增长而退化。小时候对事物和情感的感受都特别清晰，夏天是燥热无比的，心动是震耳欲聋的，悲伤会泪如雨下，窗外的树、天边的晚霞都能让人停下来赞叹一番。长大后的感受却像雾蒙蒙的，很难再有剧烈和清晰的感觉了。所以一定要多记录，不要忘记曾经发芽的心情。

——马达的加斯加

那不过是一头幼兽，摇摇晃晃从洞穴中走出来，小心翼翼地第一次触碰到世界。它觉得世界新鲜无比，每一次触碰感觉都如此强烈鲜明。在一次次触碰之间，一整个世界慢慢显露出来。此后，它会习惯这样的世界，而且从此忘记自己身在其间。

——和菜头

五陵年少金市东，银鞍白马度春风。

——李白《少年行二首》(其二)

陌头车马去翩翩，白面怀书美少年。

——武元衡《送李秀才赴滑州诣大夫舅》

少年恃险若平地，独倚长剑凌清秋。

——顾况《行路难》

青春不以山海为远，志愿只向家国未来。

——《人民日报》

少年自负凌云笔，到而今、春华落尽，满怀萧瑟。

——刘克庄《贺新郎·九日》

两代人的生命衔接处，光阴只是窄窄的台阶

“你怎么就不明白我这是为你好！”马林生嚷道。

“你怎么就不明白我根本不需要你为我好！”儿子也用同样的嗓门冲父亲喊着。

——王朔《我是你爸爸》

我从不教孩子孝顺，我只教他如何去爱。

——李安

咱们的灵魂本是连着长的，然后冒出不同的绿芽，就像姜。生命中一个人的离去，便是自己魂灵的底部被掰掉一块。

——蔡崇达《命运》

我特别喜欢我爸妈，他们的一举一动在我看来特别可爱，觉得应该全部记录下来。

——陆庆屹

我希望她越来越好，因为她值得洒满阳光的生活。

——笛安

到家了，我亲眼目睹父亲
在门前的水泥地上，簌簌
卸下了肩上所有的旷野与黑暗

——付炜《父亲卸下肩上的旷野》

妈妈，那时真没想到会带着一张衰老的破脸在这人群攒动的陌生城市中流浪。如果说在故乡不幸福，在他乡也不幸福，

那我该去哪里呢?

——韩江《植物妻子》

时间是一片茂密的森林，怨憎会，爱离别，都是生命里的洪水猛兽。只有爱，是我们唯一可以驯服它的皮鞭。

——吴惠子

家人之间的爱没办法非黑即白，相互依存就是同时损耗又修补着。

——江鹅

我们用什么样的方式去爱妈妈?一定不是全盘接纳她的认知，也不是全盘接纳她的人生模式。因为她的教育资源没我好，她没有我那么幸运，没能像我一样读更多的书，所以我爱她的方式，就是用我成长的资源和条件，去清除她没有能力辨别和清除的毒素。

——杜素娟

两代人的生命衔接处，光阴只是窄窄的台阶。

——李娟

对妈妈来说，整个世界就像一条没缝好的棉被，棉絮总是会漏出来。而她的担心就像针一样，要把那些可怕的裂缝一一缝起来。

——罗伯特·麦卡蒙《奇风岁月》

周围的一切如同退潮般离我而去，餐

桌、你、厨房里的所有家具。只有我和我坐的椅子留在了无限的空间里。

——韩江《素食者》

妈妈的手曾经是软软的、白白的，不知从何时开始变得干巴，手背上一根根筋清楚可见，如地图上的河流。

——杨本芬《豆子芝麻茶》

亲爱的父亲问我："告诉我爱是什么？"

"就是骨头里满是泡泡。"

这是一句傻话，但聪明的父亲听懂了，他笑了，说："你这个傻瓜，是泡泡都会消散。"

"它们不断冒出来。"

——阿来《尘埃落定》

只有妈妈的头发，妈妈的头发，好像一朵朵小小的玫瑰花结，一枚枚小小的糖果圈儿，全都那么拳曲，那么漂亮，因为她成天给它们上发卷。把鼻子伸进去闻一闻吧，当她搂着你时。当她搂着你时，你觉得那么安全，闻到的气味又那么香甜。是那种待烤的面包暖暖的香味，是那种她给你让出一角被窝时，和着体温散发的芬芳。你睡在她身旁，外面下着雨，爸爸打着鼾。哦，鼾声、雨声，还有妈妈那闻起来像面包的头发。

——《芒果街上的小屋》

江天晚霞，舟横野渡，网晒汀沙。一家老幼无牵挂，恣意喧哗。新糯酒香橙藕芽，锦鳞鱼紫蟹红虾。杯盘罢，争些醉煞，和月宿芦花。

——赵显宏《满庭芳·渔》

父亲不快乐，母亲很错乱，我们像是各自人生的难民。

——珍妮特·温特森《我要快乐，不必正常》

每次从不可知的旅途归航，都有辉煌的灯火，在黑夜中等待我们。

——林清玄

这个世界上的所有人都在说，他们的征途是星辰和大海。而我，也许就是外婆的星辰和大海。

——赵挺《外婆的英雄世界》

父亲和他母亲的关系就像两只尾巴绑在一起的猫。他们可以说一星期的话，却对任何一件事都无法达成共识。

——《你当像鸟飞向你的山》

孩子大了，变成了母亲的心事，母亲的心事是夏天的树叶，怎么落，也落不尽。

——汪国真

唯有你的呼唤——或一声温婉的呵责，你那暖如一盆炭火的拥抱，才会使我深深感知，取暖的最好方式就是回家。

——洛夫

这便是爱情，并无想象中美丽

一个人只能射中我们的心脏一次。

我再也没有办法像第一次遇见你那样遇见你了。

——萧诒徽《一千七百种靠近》

每次想起在茫茫人海之中我们很可能错过认识的机会——太危险了。

命运的安排多好！

——张爱玲

如果爱情存在，应该是瞬间的真实。如果你认可这种瞬间的真实，那我是爱你的。可是，你相信永恒吗？世界上根本不存在永恒，你想坚持到最后吗？你要坚持吗？

——韩江《植物妻子》

这便是爱情：

大概一千万人之中，才有一双梁祝，才可以化蝶，其他的只化为蛾、蟑螂、蚊子、苍蝇、金龟子，就是化不成蝶。并无想象之中美丽。

——李碧华《胭脂扣》

我们未来还有多少好年月呀，在那一

连串的长远日子里，我是永远爱你的……

——契诃夫

恋爱就像一本参考书，即使不成功，人和人相爱的瞬间，那种感觉会永远留下去。只有这样才会让人有继续生存下去的勇气，才能变成一把照亮黑暗的手电筒。

——《东京爱情故事》

我关掉月亮，你甚至更明朗。

——鲁米

我所问出的问题都关于你，我所踏出的每步都指向你。处处皆是你，声音所至，目光所及。

——鲁米

“最最喜欢你，绿子。”

“什么程度？”

“像喜欢春天的熊一样。”

“春天的熊？”绿子再次扬起脸，“什么春天的熊？”

“春天的原野里，你一个人正走着，对面走来一只可爱的小熊，浑身的毛活像天鹅绒，眼睛圆鼓鼓的。它这么对你说道：‘你好，小姐，和我一块儿打滚玩好吗？’接着，你就和小熊抱在一起，顺着长满三叶草的山坡咕噜咕噜滚下去，整整玩了一天。你说棒不棒？”

“太棒了。”

“我就这么喜欢你。”

——村上春树《挪威的森林》

等我，就像我等你那样。除非别无选择，否则不要退缩。

——加缪

这世上有人是狼的心，有人是羊的心。而我所深久暗恋过的男孩，他有着一颗薄荷糖心，冰凉、敏感而易碎。

——林稚子《薄荷糖心》

刚刚好，看见你幸福的样子，于是幸福着你的幸福。

——村上春树

我们望着暗恋对象，就像是人类望着月亮，光洁而通透的月亮啊，我没有任何靠近你的欲望，像这样遥远而平静地爱着你，对我来说就已经足够好了。

——花大钱

你不在时，白天和黑夜，是分秒不差二十四小时。你在时，有时少些，有时多些。

——阿巴斯·基阿鲁斯达米

昨天，别人在我身旁大声说出你的名字，这对于我，像从敞开的窗口扔进了一朵玫瑰花。

——辛波斯卡

你在信里说，只要我笑，即使没发出笑声，你也能感知。我读到这儿，当真笑了，并且连我自己也能感受到你说的“空气中的变化”。

——黎紫书《流俗地》

“我会爱你一直到白桦树。”

“到什么白桦树？”

“你难道不知道吗？每个人生命的尽头都会有一座土丘，土丘上有一棵垂头的白桦树。”

——列夫·托尔斯泰《苦难的历程》

我望着月亮，却只看见你。

——迈克尔·翁达杰

宇宙中遥远的相似，是指在遥远的某处，有一人懂得你的孤独。

——桃子茶《美梦与热望》

如果你喜爱一朵雏菊，Teo，不是摘她在手里，而是看她在枝头美丽绽放。

——林稚子《隔江隔海会归来》

我们要的或许不是爱，而是偏爱，从他人的偏爱里，确认自己是独特的。只有这样，才能消解在芸芸众生中的孤独。

——苏更生

南方的明眸，乌黑的眼睛

我从目光中阅读爱情

从我们相遇的一刻起

你是我白天黑夜不落的星

——莱蒙托夫

你离开之后，我身边不再有你，可是这尘世烟火熏然，我们依然滚滚向前。

——冷莹

爱是我心灵的唯一残疾。

——余秀华《我的身体里有暮色升起》

汽笛声的确微弱，听见没听见都分不清，而我就像爱那汽笛一样爱你。

——村上春树

头脑可以接受劝告，但心却不能，而爱，因为不学地理，所以不识边界。

——杜鲁门·卡波特

爱不是互相凝望，而是一起凝望相同的方向。

——安托万·德·圣－埃克苏佩里

“想你”是什么意思？这话意味着：把“你”忘了以及经常从那种忘却中醒过来。

——罗兰·巴特

他走下来，努力着不去看她，就好像她是太阳。但是，就像太阳，他不需要去看都能感到她的存在。

——列夫·托尔斯泰

世间有许多事不能勉强，思念是其中之一。

——简媜

我们置身在极高的两座山脊上，遥遥的彼此不能相望，却能听见你温柔的声音传来。

——席慕蓉

我就在这儿，想着你，想你我最拿手，一直都拿手。

——塞斯·诺特博姆

我的人生永远是在等人，对的人，错的人，喜欢的人，讨厌的人，等到最后没一个在身边，他们也都去等别的人。

——苏小城

黄昏最适宜重逢。暮色温柔，分离时的爱恨嗔怨，酸甜苦楚都有几分模糊，再浓烈的爱恨也打了折扣。

——《又一秋》

但是，你总要相信，浩瀚星空，茫茫人海，总有一个人会一直等着你，而那个会一直等你的人，将会是今生会在一起的人。

——姚瑶《失眠症患者的夜晚》

像夏天的白姜花，那些无以言说的心动与情愫，黯淡成一片惨白。

——陆小寒

就因为我爱你——
这就是为什么
我的灵魂像蝴蝶的翅膀
充满五颜六色

——兰斯顿·休斯

所有感动我们的，你都参与分享；而你身上发生的，我们却不知。要变成一百只蝴蝶，才能读遍你全部的书页。

——里尔克《玫瑰集》

我真的很抱歉！居然一个人可以把被单折平整！曾经有人笑着对我说折被单总要两个人吧！以后我会拙劣些。

——微博

一见你的眼睛，我便清醒起来，我更喜欢看你那晕红的双腮，黄昏时的霞彩似的，谢谢你给我的力量。

——朱自清

我偶尔爱你，爱你人前的光鲜、璀璨，像是流星；我永远爱你，爱你人后的脆弱、用心、自然而然。

——祝羽捷《人到了美术馆就会好看起来》

爱不爱说话，原来也看跟谁在一起。

——刘震云《一句顶一万句》

雨声潺潺，像住在溪边。宁愿天天下雨，以为你是因为下雨不来。

——张爱玲

敬友情，敬无常，敬生命中每一次的分离

好好挑朋友，好好挑伙伴，好好挑对象，好好挑和你有关的人，人也有伪劣产品。

——朱德庸

不过是死读书，再靠一点儿小聪明！除此之外，还有许多重要的东西——友谊和勇气。

——J.K. 罗琳《哈利·波特》

友谊既不需要奴隶，也不允许有统治者，友谊最喜欢平等。

——冈察洛夫

不管在哪，你都是最甜最美最风趣的那个人。

——英剧《关于爱我所知道的一切》

我们生命中的每位过客都是独一无二的。他们会留下自己的一些印记，也会带走我们的部分气息。有人会带走很多，也有人什么也不留下。这恰好证明，两个灵魂不会偶然相遇。

——博尔赫斯

朋友这种关系，最美在于锦上添花……朋友之最可贵，贵在雪中送炭……朋友中之极品，便如好茶，淡而不涩，清香但不扑鼻，缓缓飘来，细水长流。

——三毛

如果你能够在某个人面前直言不讳，那么一定要珍惜他，因为在他面前，你是你自己。

——八月长安

和你一同笑过的人，你可能把他忘掉；但是和你一同哭过的人，你却永远不忘。

——纪伯伦

我失去过很多朋友，但从不觉得可惜。既然渐渐发现了分歧，有了争吵，有了误解，再交往也是无益。

——李娟《记一忘三二》

真正的友谊，是需要保持一定的距离的。有距离，才会有尊重；有尊重，友谊才会天长地久。

——尤今

交朋友的首要法则是什么呢？是捧着一颗毛茸茸的心啊，只有这样别人才能看见你的想法，你才能迎来心灵的访问者。如果只有一条狭窄的出口，谁会愿意翻山越岭来到你阴暗的、寸草不生的内心世界？

——镰足

人生得一知己足矣，斯世当以同怀视之。

——鲁迅

好朋友就是这样，像姐妹和妈妈一样，总是能惹你火大、哭泣、心碎，即便如此，当你遭遇困难，她们仍会守在你身边，在最黑暗的时刻逗你笑。

——克里斯汀·汉娜《萤火虫小巷》

可进可出，若即若离，可爱可怨，可聚而不会散，才是最天长地久的一种好朋友。

——三毛

时间对于友谊的磨蚀，好比水流过石子，反把它洗琢得光洁了。

——钱锺书

离别不是感情的分散，而是力量的扩张。只愿，他日相见，清风朗月，把酒言欢。我们总要再见，再见，为了再见。

——顾城

由始至终，只有你一位，难以替代。

——歌曲《默契》

我们交付了彼此的孤独，又用信任填补了它。

——帕蒂·史密斯《只是孩子》

与他人建立真正的亲密关系的唯一途径是毫不依赖。只有不害怕被抛弃，才能活得愈发随心所欲；只有不缠着我们的爱人去承诺什么，对方才能在没有负担的情况下，回应我们的爱。

——朱莉娅·卡梅伦

最好的友情，应该是让别人拥有你，跟拥有礼物一样。

——张皓宸《谢谢自己够勇敢》

真诚的友谊永远不会特别表白的，真正的好朋友彼此不必通信，因为既是对彼此的友情信而不疑，谁也不需要写什么。一年分别后，再度相遇，友情如故。

——林语堂

再好的朋友也应该有距离，太热闹的友谊，往往是空洞无物的。

——周国平

相知无远近，万里尚为邻。

——张九龄

花径不曾缘客扫，蓬门今始为君开。

——杜甫

所谓朋友，就是互相使对方活得更加温暖、更加自在的人。

——余秋雨

友谊，好比一瓶酒，封存的时间越长，

价值则越高；而一旦启封，还够一个酒鬼滥饮一次。

——梁晓声

友谊的一大奇特作用是：如果你把快乐告诉一个朋友，你将得到两个快乐；如果你把忧愁向一个朋友倾吐，你将被分掉一半忧愁。所以友谊对于人生，真像炼金术士所要寻找的那种“点金石”。

——培根

不要走在我后面，因为我可能不会引路；不要走在我的前面，因为我可能不会跟随；请走在我的身边，做我的朋友。

——加缪

我与太多人的缘分朝生暮死，犹如露水。唯独与你，像一条生生不息的河流。

——七堇年《尘曲》

推开一切来讲公平我做不到，我永远偏向你，你是我一辈子都想拿来炫耀的好朋友。

世界上只有同类才可以做朋友，志不同道不合的人，往往只能在某个猎奇的时间里做一阵子开心的同伴。被时间的洪水淘过，最终仍然堆在一起的，一定是同样材质的小石头。

——八月长安

我的朋友大概都是遗失凡间的稀世珍宝吧，她们总是用她们的柔软与善良提醒我，在这世上，必须爱一些人。

虽然不能与你感同身受，但我一直愿意当你的最佳听众，你慢慢说，我慢慢听。

希望我们都能拥有明确的爱意，真诚的喜欢，直接的厌恶，站在太阳下的坦荡，还有被坚定的选择。

好朋友就是能看见彼此头顶上的光环的人啊。

缓慢又笨拙的路上，谢谢你陪我长大。

与其说你美好，不如说，你不可重复。

纸上旅行

如果你不出去走走，你就会以为这就是世界

世界这么宽阔，别走进悲伤的角落

出发前，悄声提醒，背囊里务必记得安放下你的灵魂。

——毕淑敏

旅行使人变得谦虚。因为，它使你领悟，人在世界上所占的地位是多么的渺小。

——福楼拜

“你接下来有什么打算？”

“饱览大千世界。惹一些麻烦，再从中脱身。探访丛林和火山、沙漠和岛屿。还有人，我想遇到很多很多的人。”

——尼尔·盖曼《坟场之书》

奇特的是，你虽然存在于这个世界，但对这个世界的模样一无所知。奇特的是第一次看见天空和太阳，第一次感受到空气拂过肌肤，第一次看见一张脸、一棵树、一盏灯、一件睡衣，还有一双鞋子。在我的生命里，这些第一次几乎不会再发生了。但很快就有了，那便是几个月后，与你的第一次见面。

——卡尔·奥韦·克瑙斯高《在冬天》

旅行迷人之处正是在这里，扛着不轻不重的今生，到处浏览自己的前生与来世。

——简媜

看莫高窟，不是看死了一千年的标本，而是看活了一千年的生命。一千年而始终活着，血脉畅通、呼吸匀停，这是一种何等壮阔的生命！一代又一代艺术家前呼后拥向我们走来，每个艺术家又牵连着喧闹的背景，在这里举行着横跨千年的游行。

——余秋雨《文化苦旅》

或许我们走那么远，不是为了看风景，而是为了去天地的尽头会一会自己。因为只有在那样遥远的地方，你才能把喧嚣的

人世抛在身后。

——陶立夏《分开旅行》

真正的旅行绝不仅仅是见证美妙的奇观，同样应该见证沉闷与苦难，仅仅是了解到“世界上还有人在这样生活”，就足以令内心辽阔起来。

——刘子超

我心想，在漫长的岁月过后，我总有一天会想起这片繁盛的夏草。

——星野道夫

旅人不同于常人，有一种独特的心境，他们在荒漠相遇，在街市邂逅，一抬眼就能彼此沟通。

——余秋雨

我们破旧的行李箱又一次堆在人行道上，我们有更长的路要走。没关系，在路上就是生活。

——杰克·凯鲁亚克

六朝文物草连空，天淡云闲今古同。鸟去鸟来山色里，人歌人哭水声中。

——杜牧

探寻远方的人，完全拥有迷失的权利。

——阿多尼斯《狼影》

旅游的作用就是用现实来约束想象：不是去想事情会是怎样的，而是去看它们实际上是怎样的。

——约翰逊

我们为什么要旅行呢？我们为什么要让自己遭受路途漫长、地处偏远和置身异域带来的所有这些不痛快？我的理论是，我们的记忆天生具有欺骗性，容易出错。这就是为什么我们永远会启程进行新的探险。

彼时彼地，我感到，这一次漫长旅行的目的，这五个月当中的高潮，就是坐在这儿，坐在拉吉斯坦前，沐浴着落日余晖，听乌兹别克斯坦现代流行歌和上百只麻雀叽叽喳喳。

——埃丽卡·法特兰《中亚行纪》

旅行不仅是对未知的求索，也是对未知的理解。

——皮科·耶尔

我对于美的鉴赏力、领悟力一直停留于孩童阶段，唯有不惜一年年里以文字去描摹，这星辰般永恒的天地自然四时节序，它们才是值得我们去珍惜、去爱的。

——钱红丽《河山册页》

在永无止境的岁月长河中，我们也不过是过着和雨滴相似的一生罢了。从雨滴到川流，是绵延不绝的永恒。而森林能让人类重拾这种永恒让我们将小小的自我交给他物。

——星野道夫《森林、冰河与鲸》

世界忽然像被暴雨弄暗，我站在一间容纳所有瞬间的屋里——一座蝴蝶博物馆。

——特朗斯特罗姆《途中的秘密》

在远天底下，有许多我迟早要去，也终必能去的地方——我摆脱不了在心灵中流浪，又要在天地间流浪的命运的诱惑。

——余纯顺

旅行，不过是为了迷失自己，然后发现自己。

——皮寇·爱耶尔

世界越来越美了。我独自一人，却很自在。我别无所求，只想被阳光晒透。

——赫尔曼·黑塞《克林索尔的最后夏天》

一望无际的草原在寒冷的空气里迎着朝阳苏醒，远天边冻结着的一排大雪山，便是粉红色的霞光也暖不了它们，那么明净的一片高原，洗净了人世间各样的悲欢情怀。

——三毛《万水千山走遍》

我时常站在康科德河畔，看逝水悠悠，它象征着一切过程，与秩序、时间以及所有造物遵循同样的法则。

——梭罗《河上一周》

如果这个世界不公平，或让人无法理解，那么壮阔的景致会提示我们，世界本来就是如此，没有什么好大惊小怪的。

——阿兰·德波顿《旅行的艺术》

我不想故作潇洒，只想活得真实，就像无拘无束的风，在时光里轻盈地走，既不是标榜，也没有解释。

——汪国真《我喜欢自然》

真正的发现之旅，不在于寻找新的景观，而在于拥有新的眼光。

——马塞尔·普鲁斯特

旅游并不是你真的一定要到哪里去，而是你到那里究竟想看到什么想到什么甚至吃到什么买到什么，否则目的地不过就是另一个地名而已，你寻求的是自身的真实感受，而不是只供拿来跟别人讲“我去过哪里哪里”的空洞炫耀与征服。

——唐诺

天地是有缺陷的，但缺陷造成了皱褶，皱褶造成了奇峰幽谷之美。月亮是不能长圆的，人生不如意事十常八九；当我们心平气和地承认一切缺陷的时候，我们忽然发觉没有什么是不可以接受的。

——张晓风《月，阙也》

今人不见古时月，今月曾经照古人。

——李白

我在半山腰往下看，再抬头往高处看。我看到全世界都是一场透明的倾斜，全世界都在倾向风去的方向。我的头发也往那边飘扬，我的心在原地挣扎，也充满了想要过去的渴望。

——李娟《我的阿勒泰》

困在狭小的地理空间里，困在日复一日的循环里。困在关于世界和人生的问题里，你是否总以为明天会有所不同，却始终普通地活着？

——《奇遇人生》

如果你不出去走走，你就会以为这就是世界……

——《天堂电影院》

我没有想到的远方，只有这一院子的阳光。而人间，不过一场盛大的孤独，这孤独，有时候也驮出一朵梅花。

——余秀华《阳光照在院子里》

每当有人问起行期，青青山色便梗塞在喉际，他日在对海，只怕这一片苍青，更将历历入我梦来。

——余光中《十年看山》

我走出自己趋向繁复的记忆，如同走出层峦叠翠的森林。疲惫的思维躺下休息了，身体仍然向前行走，走在无边无际的混沌和无声无息的空虚里。空中没有鸟儿飞翔，水中没有鱼儿游弋，大地没有万物生长。

——余华《第七天》

他望着远方的山，打了个呼哨

那是个潮湿的春天的晚上，香港山上的雾是最有名的。梁家那白房子黏黏地融化在白雾里，只看见绿玻璃窗里晃动着灯光，绿幽幽地，一方一方，像薄荷酒里的冰块。

——张爱玲《第一炉香》

我就喜欢这样慢悠悠地走啊走啊，没有人，走啊走啊，还是没有人。没有声音，停下来，侧耳仔细地听，还是没有声音。回头张望脚下的山谷，草甸深厚，河流浓稠。整个山谷，碧绿的山谷，闪耀的却是金光。

——李娟《阿勒泰的角落》

如果你能来
我会让你聆听
我薄冰流淌的脸颊上，你曾经喜欢过的
江水声

——韩江《首尔的冬天》

有的山矮小而圆润，像是一个个倒扣着的瓦盆；有的山挺拔而清秀地连绵在一起，看上去就像驯鹿伸出的美丽犄角。山上的树，在我眼中就是一团连着一团的血肉。

——迟子建《额尔古纳河右岸》

黄昏真像一首诗，一支歌，一篇童话；像一片月明楼上传来的悠扬的笛声，一声缭绕在长空里亮唳的鹤鸣，像陈了几十年的绍酒，像一切美到说不出来的东西。

——季羡林

我对冬天的陕北有一种特别的喜爱。视野中看不见一点绿色。无边的山峦全都赤身裸体，如巨大无比的黄铜雕像。所有的河流都被坚冰封冻，背阴的坡地上积着白皑皑的雪。博大、苍凉，一个说不清道不尽的世界。身处其间，你的世界观就决然不会像大城市沙龙里那样狭小或抽象；你觉得你能和整个宇宙对话。

——路遥

煤气的火光，像一朵硕大的黑心的蓝菊花，细长的花瓣向里拳曲着。他把火渐渐关小了，花瓣子渐渐地短了，短了，快

没有了，只剩下一圈齐整的小蓝牙齿，牙齿也渐渐地隐去了。

——张爱玲《第二炉香》

秋确是奇妙的季节，每个人都幻觉自己像两万英尺高的卷云那么轻。

——余光中《望乡的牧神》

眼下世界里，青草顶天而生，爬虫昼追日，夜逐月。风是透明的河流，雨是冰凉的流星。

——李娟《遥远的向日葵地》

我的脚陷在泥土里。松软的泥土紧紧握着我。握着我的脚跟、脚心，和每一只脚趾。我像是从大地上长出来的一株野蔷薇、一棵桂花树或者河岸上的那棵枫杨。

——申赋渔《一只山雀总会懂另一只山雀》

冬是孤独，夏是离别，春是两者之间的桥梁，唯独秋，渗透所有的季节。

——阿多尼斯《我的孤独是一座花园》

崇高的山岭，像人生的苦难一样，远远地望去，一部分被早晨的迷雾掩蔽住，失去崎岖险峻的气势，却好像是非常坦荡和温柔了。

——狄更斯《匹克威克外传》

整个春天，直至夏天，都是生命力独享风流的季节。长风沛雨，艳阳明月，那时田野被喜悦铺满，天地间充斥着生的豪情，风里梦里也全是不屈不挠的欲望。

——史铁生

冬天掸了掸身上的雪，顺手将冰湖砸碎。他望着远方的山，打了个呼哨。风声瞬间便起来了。

——温酒《嘿，小家伙》

月光在那样晴朗的天空上如水银般直泻下来，把我整个人都浸在月光里，觉得心也变得透明起来了。青春真如醇酒，似乎都在那夜被我一饮而尽，熏然而又芬芳。

——席慕蓉《那一轮月》

明年有明年的雪，明年的雾色，明年的永无休止的阳光，还有明年数不尽的生机。

——林清玄

当雷云在天上轰响，六月的阵雨落下的时候，润湿的东风走过荒野，在竹林中吹着口笛。

——泰戈尔

但是太阳，它每时每刻都是夕阳也都是旭日。它熄灭着走下山去收尽苍凉残照之际，正是它在另一面燃烧着爬上山巅布散烈烈朝晖之时。

——史铁生《我与地坛》

江上雪，浦边风，笑着荷衣不叹穷。

——张志和《渔父·云溪湾里钓鱼翁》

倘若刮过一阵风，雨点歪斜，溅在窗棂上，一串串叩响，如鸟啄树干，笃笃震耳，更像农家孵鸡，二十天后，小鸡啄壳，其声遥遥可听。

——徐行《乡村听雨》

即将开始结霜时，太阳的光芒变得更加苍白。人们从嘴里呼出白烟，树叶掉落而使树木逐渐变得轻盈。奇妙的是，像石头或建筑物一类坚固的事物，却显得更沉重。

——韩江《白》

花期用力绽放，抖落一场春天，生出芳香扑鼻的水蜜桃。这些树，一年四季都不闲着。

——张皓宸《抬头看二十九次月亮》

夏天的日子一连串烧下去，雪亮，绝细的一根线，烧得要断了，又给细细的蝉声连了起来，“吱呀，吱呀，吱……”

——张爱玲《诗与胡说》

太阳出来了，霜化了。霜化在屋顶，屋顶流泪了。霜化在树上，枯枝败叶宛如披挂了珍珠，熠熠闪光了。霜化在土路上，土路就成了印泥，而脚做了印章，在路上留下各色足迹——人的，以及鸡鸭鹅狗的。霜后的空气异常清冽，仿佛含着冰碴，这是飞雪到来的前兆。

——迟子建《群山之巅》

沙漠，有黑色的，有白色的，有土黄色的，也有红色的。我偏爱黑色的沙漠，因为它雄壮，荷西喜欢白色的沙漠，他说那是烈日下细致的雪景。

——三毛

岸边高耸着一排白杨树，河水静静而忧郁地流淌着，星星随流水而荡漾，似乎在水里游泳。对岸的河堤上飘荡着轻淡的白色雾霭，人呼吸到一股潮润的气息。

——莫泊桑《一家人》

成群的木棉树还没有长出绿叶，古灰色的枝头上却已经绽开了一朵朵火红的花，倒映在一江春水之中。这是怒江最妖娆的时光，它一路化开冬日的萧瑟，带来两岸五彩的春意。随着布谷鸟的呼唤，傣家人进入繁忙的春种时节，晒田、放水、育秧、插秧……一年的耕作，开始了。

——梁永安《梁永安：阅读、游历和爱情》

他喜欢独自坐在灯下看书，享受一种教人充实的寂寞。有时候，他也会给远方的朋友写点什么。一行行字，细细斜斜的，仿佛会在夜晚沙沙作响。

——东君《无雨烧茶》

这里是大陆的腹心，是地球上离大海最遥远的地方。亚洲和欧洲在这里相遇，这是东方的西方，西方的东方……但是在这里，真正属于我的世界只有脚下的小路那么宽。

——李娟

于是整个夏天，她赤身扛锨穿行在葵花地里，晒得一身黢黑，和万物模糊了界线。叶隙间阳光跳跃，脚下泥土暗涌。她走在葵花林里，如跋涉大水之中，努力令自己不要漂浮起来。大地最雄浑的力量不是地震，而是万物的生长啊……

——李娟

滔滔流水向着波士顿湾无声地逝去，浸润了河岸，繁茂了绿色的夏草，养育了水鸟，从石造的古桥下穿过，夏季映照着蓝天白云，冬天则漂浮着冰凌，不急不躁，无休无止，仿佛通过了种种考验、不可动摇的观念一般，只是默默流向大海。

——村上春树《当我谈跑步时，我谈些什么》

清风在旷野里横吹，树摇草偃；不杂一丝尘滓的阳光，不论照到哪里，都反射出绮丽、清澈的亮色。

——格非《望春风》

当这届年轻人爱上博物馆

人们说，博物馆和菜市场是快速了解一个城市的地方。菜市场填饱了胃，博物馆理应养心。

——《中国青年报》

这些人文艺术的东西表面看上去不实用，但它会给一个人的生命带来丰富的感受，给人性带来温馨的滋养，人在这样的氛围中成长，充满了生命的灵动。

——梁永安

不知道从何时起，我养成了一个习惯：每到一个新城市，第一站必定是博物馆。我在南京博物院看过东汉银缕玉衣，在三星堆看过青铜面具，来上海后，上海博物馆就成了我的第一个打卡地。

——逛博物馆就像经历一场奇幻的时空穿越之旅，那些青铜、玉石、泥塑、青瓷等经由古人的想象与打磨，被注入无限丰富的内涵

我们的确需要流行的东西给喧哗的当下一个小小的标记，但那绝不是我们生活的全部经纬。所以，有的时候我想一个人走进博物馆，不为学到什么，也不为延续家国情怀，只是想暂时和外面的那个世界离得远一点儿，慢慢静下来。那些千百年后还在被欣赏和解读的文物会告诉我：不要慌。

——我们为什么要去博物馆

慢慢地看吧。或久别重逢，或一见如故。

——中国电影博物馆

运河上的舟楫，摇曳着从远方驶来。穿过春秋战国的烟火，载来诸子百家的争鸣。桨声帆影，汇通南北，河长水悠，化成人文。

——大运河博物馆

一万年的回眸，一万年的等待，一万年的苏州，继往开来。

——苏州博物馆

斗转星移，万物乾坤；中华文明，玉振金声。

——陕西历史博物馆

让过去拥有未来。

——陕西考古博物馆

溯源陶瓷历史，我们阅读着瓷的《史记》；叩响陶瓷生命，我们倾听：China，中国；china，瓷。

——景德镇中国陶瓷博物馆

祝愿所有女性：热烈、勇敢、自由，成为任何想成为的人，开出属于自己的花，成为你自己。

——洛阳博物馆

为了和平，收藏战争；为了未来，收藏教训；为了安宁，收藏灾难；为了传承，收藏民俗。

——建川博物馆

黑龙江文学之河，从远古一路迤逦而来，经由巍巍兴安和莽莽平原，携着春草的清香、夏花的灿烂、秋实的橙黄、冬雪的冰爽，汇入更为浩瀚的文学之海。

——黑龙江文学馆

地球形成约 46 亿年，恐龙存在约 1.6 亿年，而人类诞生不过短短几百万年，人类对自己身处的星球还知之甚少。但是，人类从先祖传续至今的特质，诸如勇敢、好奇、执着等，一直引领着我们不断地去叩击未知的大门。

或许，地球的一切我们无法全部破解，但我们从不驻足。

——自贡恐龙博物馆

别回头，向前走，出口有光，有人间烟火，有国泰民安。

别忘记，来时路，有民族苦难，有国仇家恨。

——侵华日军第七三一部队罪证陈列馆

也许，岁月早已使古老的文明化为一颗颗沧海遗珠，但是我们相信，水何澹澹，历史的洪流将再一次激起文明的浪花。

——湖南博物院

生活爱出难题，但时光总有答案。

——南京博物馆

铜鸟一觉醒来，时间已经飞行了三千年，太阳还是那个太阳。

——香港故宫文化博物馆·三星堆特展馆

擦清历史的镜子，走好未来的路。

——中国甲午战争博物馆

器如人生，修瓷也是修己。那些身不由己的不完美，那些来自生活的磨炼，就像器物上破碎的裂痕。当你双手合十真诚地接受它们时，当你从磨砺中绽放光华时，你将感谢生命中曾经的裂缝，而你，就是自己的修复师。

——上林湖越窑博物馆

星空浩瀚无比，探索永无止境。

——上海天文馆

每一个物种的消失，都是人类走向孤独的脚步。

——重庆自然博物馆

如果把地球的历史比作一天的话，凌晨0点地球形成，现在是24点，那么恐龙22∶48出现，23∶40灭亡，它们在地球上生活了52分钟。而我们人类即使从周口店猿人算起也只有9.4秒钟。

——国家自然博物馆

假如宇宙是答案，那么什么是问题?

——上海自然博物馆

沉睡数千年，一醒惊天下。

——三星堆博物馆

山峦不语，历史留音。

——贵州省博物馆

王纲解纽，列国群雄并起。

元典创制，诸子百家争鸣。

鹤舞九皋，郑卫占先声。

华夷交融，汉淮拥群英。

诡异浪漫，荆楚问周鼎。

刻镂华章，韩魏主夏盟。

哲思成大道，风云聚天中。

八方共逐鹿，华夏成一统。

——河南博物院

生，不过尽己所能依靠大地。

——良渚博物院

十围之木，始生如蘖。一如既往，慎终如始。

——秦始皇兵马俑博物馆

白山巍峨，冬去春来，草木蓬勃。

松水东流，前浪奔涌，后浪磅礴。

——吉林省博物院

现实照常热烈，生命依旧绚烂。

——良渚博物院

所流之汗、所落之泪皆为咸水，由此可知海洋流淌在我们的血液中。

——浦东美术馆

瞬间之美，穿越永恒。

——南山博物馆

地球不属于人类，人类属于地球。

——武汉科学技术馆

自然清楚自己的能力和美貌，于是赋予我们好奇心，让我们作为观众去欣赏她的伟大和辉煌。

——中华世纪坛世界艺术馆

蓝汲汲的阳光 带来一个又一个的好日子

在童年时代和少年时代，世界对我们来说，和成年时代迥然不同。童年时代的太阳要炽热得多，草要茂盛得多，雨要大得多，天空的颜色要深得多，而且觉得每个人都有趣极了。

——帕乌斯托夫斯基《金蔷薇》

什么是雨？

从乌云的列车上，下来的最后一位旅客。

——阿多尼斯《我的孤独是一座花园》

自由不是四处漫游，而是越过他人的山，找到我的溪流。

——《一天中我清醒三次》

人不是向外奔走才是旅行，静静坐着思维也是旅行，凡是探索、追寻、触及那些不可知的情境，不论是风土的，或是心灵的，都是一种旅行。

——林清玄

我永远不厌倦的是“看”一切。宇宙万汇在动作中，在静止中，在我印象里，我都能抓定它的最美丽与最调和的风度。

——沈从文

长久的沙漠生活，只使人学到一个好处，任何一点点现实生活上的享受，都附带地使心灵得到无限的满足和升华。换句话说，我们注重自己的胃胜于自己的脑筋。

——三毛《撒哈拉的故事》

更羡慕街边咖啡座里微笑的目光，只一闪，便觉日月悠长、山河无恙。

——余秋雨《行者无疆》

我从不曾需要多么宽阔的通道，能侧

身而过就足够了。像鸟在天空侧身飞翔，鱼在大海里侧身遨游。我从来不曾渴望过全部的世界，我只是经过这个世界，去向唯一一个小小的所在。

——李娟

起风的时候，我喜欢在早晨站在阳台上。这当然很傻，每个人都觉得这很傻，他们当然这么觉得。但我喜欢风吹过头发的感觉。

——弗雷德里克·巴克曼《外婆的道歉信》

一个人如果走投无路，心一窄想寻短见，就放他去菜市场。

——古龙

从现在起，我开始谨慎地选择我的生活，我不再轻易让自己迷失在各种诱惑里。我心中已经听到来自远方的呼唤，再不需要回过头去关心身后的种种是非与议论。我已无暇顾及过去，我要向前走。

——米兰·昆德拉《不能承受的生命之轻》

当生命的时针有张有弛、疾徐有致地行走的时候，我们的日子，才会随着日升月落，发出流水一样清脆的足音。

——迟子建

暴雨把一切都搅乱了，甚至不会孕育的机器，如果三天不擦一次油，齿轮之间也会开出花朵，锦缎绣品的丝绒也会生锈，湿衣服也会长出番红花颜色的水草。空气充满了水分，鱼儿可以经过敞开的房门钻进屋子，穿过房间，游出窗子。

——马尔克斯《百年孤独》

在这不温不火的清晨时刻，在沙漏和枯叶之间，我不想同精神打交道，我要的是无常，我想做孩子和花。

——赫尔曼·黑塞《温泉疗养客》

我想起现实世界是多么广阔，充满了纷繁的希望与恐惧、刺激与兴奋，就等那些勇敢的人踏入这片天地，在生活的危险中寻找真知。

——夏洛蒂·勃朗特《简·爱》

乘兴而行，兴尽而返。

——《世说新语》

蓝烫烫的阳光带来一个又一个的好日子。

——叶青《海豚》

遇见不同的人，遭遇奇奇怪怪的事，克服种种的困难，听听不同的语言，在我都是很大的快乐。虽说一沙一世界，一花一天堂，更何况世界不止是一沙一花，世界是多少多少奇妙的现象累积起来的。

——三毛

你房子里的每块木头，从窗台到家具再到椽子，都曾经是一个生命的一部分：在野外繁荣过，被树汁充盈过。仔细看看这些木头部件的纹理，你也许可以追溯出几圈树轮的边界。如果你懂得聆听，那么每一圈树轮都会向你讲述：那一天雨怎样落，风怎样吹，太阳怎样升起。

——霍普·洁伦《实验室女孩》

散步是必要的。无论晨曦微微或晚霞即将隐入夜空，湖边小径、河畔碎石路或每一座住宅区都有的绿色隧道，总有渴望释放心灵的人再次漫游。恢复作为一个人的尊严，取得渺小的人徜徉于自然中所应得的欢喜。

——简媜《一路顺风》

假如你有幸年轻时在巴黎生活过，那么你此后一生中不论去到哪里，她都与你同在，因为巴黎是一席流动的盛宴。

——海明威《流动的盛宴》

生活是种律动，须有光有影，有左有右，有晴有雨；滋味就含在这变而不猛的曲折里。

——老舍

印度传统观念中的“洁净观”源自南亚的环境。比如，为什么印度教会认为肉食肮脏？因为这边天气炎热，肉食极易腐败变质；同时印度内陆古时缺盐，没有发展出腌制的技能。又如，为什么印度的种姓制度里会有“不可接触者”？除保持征服者雅利安血统的纯正性之外，这其实还是一种原始朴素的隔离措施。

——随水《在印度看印度》

松溪、诏安、南靖、尤溪、仙游、长汀、兰陵、桐庐、灵璧、仙居。

——网友总结出的唯美县名

又是山间岁月里美好的一天，人在其中仿佛被消解、被吸收，只剩下脉搏仍在向着未知的远方推进。生命无增无减，我们不再去留意时间，不再匆匆忙忙，宛如树木和星辰。这是真正的自由，是可实现的不朽。

——约翰·缪尔《夏日走过山间》

在地下，时间以不同的方式流逝，它变得浓稠，时而积聚，时而流动，时而疾，时而缓。

——罗伯特·麦克法伦《深时之旅》

星星在哪里都是很亮的，就看你有没有抬头去看他们。

——《玻璃樽》

浪漫就是浪费时间慢慢喝茶。当你浪费时间慢慢散步，浪费时间慢慢吃饭时，就会自然生长出浪漫。

——林清玄《不如吃茶去》

春意是和你一起分享，公园的20分钟

“公园20分钟效应”这一理论来自一篇发布在《国际环境健康研究杂志》上的研究文章。该研究文章认为，即使不做任何运动，在公园里待20分钟，也能带来更好的状态。而根据美国一所大学的最新研究，无论是散步还是坐着，只要与大自然亲密接触20分钟以上，便能显著降低体内压力激素水平。

公园，在中国是供人休息、漫步、啜茗、闲谈、沉思、觅句的地方。

——汪曾祺

在这五光十色的世界里，我要的只是公园里的一把长椅，有一只猫在上面晒太阳，我想我应该坐在那儿，一封短信紧紧地贴在我的胸膛，我想这就是我要的未来。

——伊迪特·索德格朗

圆山公园的垂枝樱已经老了，开出来的花，颜色一年比一年淡；在今天，除神苑的樱花之外，确实没有其他地方的樱花足以代表京洛的春天了。

——谷崎润一郎

只要在公园长椅上发呆的时间一久，就会发现风景这种东西其实要有意识才看得到。泛着涟漪的池子、长着青苔的石垣、树木、花朵、航迹云，这一切虽然尽收眼底，其实等于视而不见，只有在意识到其中一样事物，例如意识到在池面上游泳的水鸟时，水鸟才会从周遭的一切中切割出来，以水鸟的姿态映现眼底。

——吉田修一《公园生活》

他踱步到窗前，再次眺望公园里的景色，晨曦中老人们又带着孩子出来遛弯了，零星有几只没拴绳的小狗在追逐。

——郑执

星期天，我坐在公园中静僻的一角一张缺腿的铁凳上，享用从速食店买来的午餐。啃着啃着，忽然想起我已经好几十年没有听过鸡叫了。

——商禽

我爬上了城外小丘上的公园，坐在大教堂前面，望着淡红色的云彩在一片平原和远山上慢慢变成鸽灰。呼吸着稀薄而凉如薄荷的空气，回想白日的市集和印第安人，一场繁华落尽之后所特有的平静充满了胸怀。再没有比坐看黄昏更使我欢喜的事情了。

——三毛《万水千山走遍》

我想要的未来，有房子住，不用多大，最好窗外有阳光；早晚有酸奶，一天能吃上一个苹果，有锅给我煮汤，偶尔能逛逛公园，一年能陪爸妈几次；有工作，有书看，有歌听；朋友偶尔奔过来聚一次，偶尔能到处走走。这样，就很幸福了。

——《幸福》

这陌生公园里的日常风物
使我们更像是一对真正的恋人
双手交缠，面前是辽阔漫长的夏季

——张定浩《公园即事》

冬天的下午，在一个小公园
三五个老妇人，侧着各自的脸
在想着什么，或没在想什么
一片阳光，在她们脚边消磨

——黄灿然

今天是没有星期天的一周……
根本没有星期天——
从来没星期天——
但下个星期天总会有人在公园里。

——佩索阿《星期天，我要以别人的名义去公园》

在冬日朦胧的清晨
清晨在蒙苏利公园
公园在巴黎
巴黎是地球上的一座城
地球是天上的一颗星

——普列维尔

戏剧的第五幕
吹拂着秋日的气息
公园中的每一个花坛
都宛若新鲜的墓地

——阿赫玛托娃

你在秋天的公园里拾橡果
树叶在大地的伤口上旋转
赞美这残缺的世界
和一只画眉掉下的灰色羽毛
和那游离消失又重返的柔光

——亚当·扎加耶夫斯基《尝试赞美这残缺的世界》

那你呢？诗人这样问，你最后回到故乡了吗？

这地方有母亲生你时流出的血，这地方埋葬着你的祖先，这地方是你的“血地”。

——莫言

从中国的版图上看，我的出生地漠河居于最北端，大约在北纬五十三度左右的地理位置上。那是一个小村子，它依山傍水，风景优美，每年有多半的时间白雪飘飘。我记忆最深刻的，就是那里漫长的寒冷。冬天似乎总也过不完。

——迟子建《寒冷的高纬度——我的梦开始的地方》

从哪里来，到哪里去，祖祖辈辈，依次循环。但这世上总有鸟还没起飞就已经失群，总还有人还没出生就丢了故乡。

——张秋寒《闰梦乡》

也许我回来，是为了在家乡埋一滴眼泪，好让我这一生，也有乡愁。

——《夜奔》

我们各自离开了小镇，像两滴水，在大海里不再相逢。

——路明《出小镇记》

故乡是一个人的羞涩处，也是一个人最大的隐秘。我把故乡隐藏在身后，单枪匹马去闯荡生活。

——刘亮程《一个人的村庄》

这就是回到家的感觉，无论你背井离乡多久，家就是有人想让你留下来的地方。

——斯蒂芬·金

故乡在我心里，渐渐成了一个符号，一个遥远而模糊的东西。 我已很多年不轻易跟别人提起我的故乡。

——《失落了故乡的人》

那你呢？诗人这样问，你最后回到故乡了吗？

没有人回答，诗人死在满载一舱明月的酒杯中。

——微博言论

正如故乡是用来怀念的，青春就是用来追忆的，当你怀揣着它时，它一文不值，只有将它耗尽后，再回过头看，一切才有了意义——爱过我们的人和伤害过我们的人，都是我们青春存在的意义。

——辛夷坞《致我们终将逝去的青春》

旅行更深的意义是什么？是加缪说的吧，旅行中最有价值的部分是恐惧。旅行者远离了家乡，一种模糊的恐惧随之而来，他本能地怀念旧环境。正是在恐惧中，你变得敏感，外界的轻微变动都令你颤抖不已，你的内心再度充满疑问，要探询自身存在的意义。人类的所有知识、情感、精神世界，不都因这追问而起？

——许知远

到不了的都叫作远方，回不去的名字叫家乡。

——歌曲《牡丹江》

每当灶火燃起，香气弥漫，熟悉的味道植入记忆深处，家才获得完整的意义。

——《风味人间》

“还乡”是一种病，故乡是一味药。

——郭金牛《纸上还乡》

人言落日是天涯，望极天涯不见家。

——李觏《乡思》

我在人群中每一次的仰头，每一回的挺直胸脯，每一刻的孤傲清高，我都活成了我的山峰。

——刘亮程《大地上的家乡》

家乡的一草一木，一牲一畜，雨丝风片，都是我们人生的底色。

——沈从文

人对故乡，感情是难以割断的，而且会越来越萦绕在意识的深处，形成不断的梦境。

——孙犁《老家》

聚拢来是烟火，摊开来是人间。忘不掉的集市，记得住的乡愁。

——《人民日报》

你是浑厚的山，你是温润的河

——《航拍中国》中的百万文案

史无前例地将中国从亿万多年演变的自然地理地貌，从历史人文景观到现代经济社会的高速发展，真实呈现、娓娓道来，打开了当代观众的眼界，激增了中华儿女的爱国情怀，强化了文化自信和民族自尊。

——中国网评《航拍中国》

北京：

天安门前，新中国成立的第一声宣告，永远回响；长安街上，这座城市一路前行的脚步历历在目。历史有了纵深，画出一个国家的脊梁，未来伸向远方，送出闪耀世界的光芒。从过去到现在，从此刻到未来，一座城市浓缩了一个东方大国的模样。

上海：

因河而兴，通江贯海。一百多年的时光，一个聚散离合的码头，变为吞吐万汇的港口。最大胆的梦想，展望未来。最务实的行动，拥抱现在。

天津：

云上的你，是这片陆地最年轻的模样。你与河流相遇的时候，还未曾披上这满身的星光，但你有太多种样子，华丽的，温润的，安静的，无畏的。你是旧时光里的风华绝代，也是瀚海上的英雄梦想，你敞开怀抱，足以汇聚几个世纪的期待。

新疆：

东部延绵的临海地带，让中国与世界相连。西部深入腹地的内陆，让中国靠近更多的邻居。曾经，一条向西延展的古丝绸之路，承载着人们对于远方的所有激情和想象。今天，新疆成为新丝路的核心地带，这条道路将以前所未有的规模重新连接世界。

甘肃：

穿行在这片戈壁怪石之中，你可以听到风声，风沙不曾将这里吞噬，反而年复一年，塑造着这片土地的样子，造型各异的雅丹变换着姿态，只要大胆想象，总能发现熟悉的身影，从空中遥望，气势磅礴的远航舰队，正在沙漠上乘风破浪。

宁夏：

你并非生而不凡，却总在创造非凡。你是浑厚的山，矗立凌霄，你是温润的河，滋养出塞上的原野。你的每一条阡陌都描画着生机，即使荒山，也能铺就繁华，生生不息。

青海：

飞上高原，那里是江河的源头。在海来过的地方，那里有大地的过往。昆仑山海拔很高，但更高的是人的志气。……东来西往的人们，在这里路过、留下、坚守、奉献。

西藏：

世界屋脊之上，高山令人神往，大湖深藏静谧。天地之间，它们共同塑造着云雨风霜，烟火人间。辽阔的荒原，总被盎然生机填满，河流蜿蜒的地方，芸芸众生落地生根。人们在这里守护着变化的沧海桑田，守护着万水千山。通向远方的路，既是终点，也是起点。

香港：

在几何结构的垂直世界，人们擦亮城市。小人物，也有超凡能量。时代经过这里，让一个个梦想开花结果。传统落地生根，将一份份执着回响天地。粤港澳大湾区，是它由治及兴、起飞的翅膀。纵使瞬息万变、跑得飞快，从未改变的，是家里温暖的灯，和母亲的怀抱。

澳门：

这是一座全新的城市，有它的速度与激情。这是一座古老的城市，带着独特的历史，还有别具一格的生活方式。人们赞美它回归祖国的盛举，共同延续不曾改变的华夏民俗。在今天的澳门上空，看见一个走进中国的世界，和一个融入世界的自信中国。

台湾：

我们在台北细雨中重逢，在平静的港湾回味，感受宝岛的浪漫。火山、风雨、海陆变迁，历经时间的积淀，沧海桑田，大地不断发生变化，但从未改变的，是家乡熟悉的味道，沿袭千年的祝福，同根共祖的文化传统，还有每一个粲然的夜晚，阖家团圆的心愿。

海南：

沐浴着和煦的阳光，往日起伏的海面仿佛被熨平，大海变得安静。飞行在这片蔚蓝之上，我们可以听到大海平缓的呼吸。面向海洋，更能感受到风的来向。一个新的时代正乘风破浪而来，海洋，愈加成为中国联通世界的桥梁。

内蒙古：

内蒙古，东起东经126度，西至东经97度，是中国跨越经度最大的省份。大兴安岭与阴山山脉横亘东西，黄河以几字形穿越一角。森林、草原、沙漠、戈壁，这里有着丰富多样的自然地貌。我们的空中旅程从东部的呼伦贝尔开启，在大兴安岭脚下，领略春天的色彩；走过夏季的草原，寻找秋日的异域风情；告别冬季的落叶松，去往草原深处，感受一场激情澎湃的雪地狂欢。

黑龙江：

如果说冬天也有故乡，那么它回家的路，一定会向北来到黑龙江。……冬季，漫长的黑夜，助长了严寒的威力。到了夏季，最长的白昼达到17个小时，阳光变得格外慷慨，大地展露出勃勃生机。冷峻严酷的冰雪之下，是一片温暖的土地……100多年来，肥沃的黑土地曾涌现出许多时代契机，直到今天，人们仍然相信这片土地蕴藏的潜力。

吉林：

我想来看你，如果能有一双翅膀，振翅万里，跟随风雪的纹理，看你如何把火焰埋藏在冰山之下。我想飞向你，即便没有翅膀，也要向着你的方向，御风而行，看你如何把岁月，停在最美的时刻。

辽宁：

我们跟随疾速向前的风帆，穿越季节变换的色彩，到达鸭绿江口……望见鸟儿们掀起的巨浪，陪伴斑海豹一起晒晒太阳。掠过最热烈的碱蓬草，发现它孕育出的大地生机。一列穿越时空的蒸汽机车，将我们带往那片工业热土。我们看到钢水依然滚烫，看到小身材也有大智慧，看到巨轮即将启航，看到大海的中心，钢铁巨人依然在严寒中坚守，为人们获取温暖的能量。

四川：

三座雪山就在这儿，静静守护着举世无双的世外桃源。而四川，也因众多高山与人间仙境的并存，成了令人难忘的独特之地。

重庆：

这片土地的生活家们，架起各种交通设施，化险为夷，也融合起来自五湖四海的人间烟火。飞行在长江之上，见证黄金水道的度量。发现江山搏击的壮美遗迹，聆听来自生灵的悠远回响。飞越两江交汇处，感受重庆人乘风破浪的壮志雄心。亲临这片热土，致敬革命先辈的永恒精神，拥抱英雄之城。

云南：

如果不是河流在深谷鸣唱，如果不是阳光照亮了雪山，我们差点忘了，你已等待了太久，御风起航，高空、激流、花海，我们与万物同行，星辰指引出方向，云与光铺展成大地的模样。

贵州：

我想看清楚，海上的孤岛为何为你停

留，一条小路如何翻越山谷，一片花海怎样绽放大地。我以为，河流是你自由的脉络，你与风共舞，守护岁月悠长，高一点，远一些，看一束光，如何洞穿险阻，一眼瞬间，你已经跨越了光年。

广西：

你向往什么样的远方？是晨光熹微中被唤醒的山水，是拨开云雾后自在惬意的小岛，还是朵朵白云下，生机盎然的田野？我们翻山越岭，靠近山林深处，乘风破浪，深入蔚蓝之境，追逐星光，闯进人间烟火，直到看清这诗意的大地。我们抵达秘境，更是回到家园。

广东：

广东，地处中国大陆最南端。南岭的阻隔，造就了这片温暖的土地。东南面是茫茫大海，山海之间的丰富水系汇成一条大江。江海合奏，冲积出一片肥沃的三角洲。我们的空中旅程从云端开启，穿过一座高塔，去体验千年古城的现代活力；跟随时光留下的印记，前往这座城市的陆路交通枢纽，感受城市新的脉动。

山东：

你在哪儿？山海间的风，已经盘旋了亿万年。草木更迭，是你在靠近。我在陆地与海洋，追寻你的足迹。你在泰山之巅，也会随波逐流。一年又一年，你扬起风帆，奔腾入海。

山西：

很高兴遇见你。看不见你拔地而起，却听到你奔涌千里；你的亿万年很短，我们的千百年很长；你不断变化模样，我们却难以察觉。对你而言，我们可能只是一瞬间。东边，巍峨太行拔地而起，西边，奔涌黄河翻腾咆哮，山河之间，茫茫高原绵延，诉说着不尽的故事。

陕西：

一山一水决定了陕西的格局。绵延的秦岭与奔流的黄河把陕西一分为三：南部是山地，中部是平原，北部是高原。陕西便兼具了山地的灵秀、平原的肥沃和高原的雄浑。早春时节，自北向南，黄土高原大雪飘飞，关中平原小麦滴翠，陕南山地鲜花怒放。

河北：

你曾经雄关险隘，守护这片土地的安宁；你曾经山容海纳，生命在这里繁衍生息。你古老，又年轻，岁月许你一席之地，你则还以无尽的可能。

河南：

我们来到河南，这片古老的土地上空，看见农耕文明下的火热生活。古城，古都，文明的脚步层层叠叠。我们在万国来朝的应天门下，发现穿越时空的优雅与从容。龙门石窟里的十万造像，每一张面孔，都藏着太多故事。飞临太行，温柔的云雨湿润皴裂的崖壁。追随黄河，数千年沉积，激荡出浑厚的声浪。人们在肥沃的土地上耕作，收获，周而复始，生生不息。

湖北：

我们翻越一道道绝壁，探入前所未见的秘境。那里至今还保持着亿万年山崩地裂、水滴石穿的模样。我们跟随风的路径，目睹百鸟齐飞、红叶遍染的大地。在山林深处，探访抱团取暖的猴群；在原野湿地，落入麋鹿的迷幻世界。我们用理想和奋斗，气壮山河；用青春，用浪漫，用欢乐，填满城市。这座英雄城市，也曾力克时艰，在黑暗中点亮黎明。

湖南：

你天生壮美，我却爱你的烟波浩渺，鸟兽为伴；你常常婉转柔情，我却爱你岁月漫长，通达和绽放。有时候，你是一丝绵长的红线，另一刻，你让高山深谷每个角落拥有极速心跳。每当太阳升起，我都会再爱上你一遍。

安徽：

我梦见了你，就像千年以前的样子，忽而绿水青山，粉墙黛瓦，忽而雾海翻腾，雄踞天下。你是什么样子？在沧海和桑田之间变化，又纯白，又斑斓色彩。

江西：

江西地处中国东南部。它三面环山，庐山镇守北大门，北部平原坦荡，中部丘陵、盆地相间。数千条河流纵横交错，其中大部分汇入了鄱阳湖，从而与长江相连。……进入江西的旅程，从庐山开始。……向西飞行，看山水的相逢，擦出浪漫的火花。……90多座高峰连绵不断，犹如一扇屏风，半掩江西的绿水青川。

江苏：

江苏，东临黄海，北有淮河，南有长江，中间是京杭大运河。境内河湖众多，是中国平均海拔最低的省份，平原和水面的占比均位列全国第一。进入江苏的旅程，就从黄海的一座岛屿开始；在黄海边最大的湿地，邂逅美丽的丹顶鹤；再沿着海岸线南飞，抵达长江入海口，追忆一座港口的前世今生。

浙江：

浙江，位于中国东南沿海，一条曲折的大江将这块土地划分为东部与西部，起伏的山脉从西南向东北绵延伸展。版图的东部，是繁星般的海岛和曲折的海岸。我们的旅程从跨越海湾的大桥开始，在群岛中探访一段遥远的记忆；穿越岛链，我们探寻古老的港区，向南和一场盛大的节日相聚。

不止好玩

首先你要快乐，其次都是其次

记住，没有一个女人是丑陋的！

当时的气氛很尴尬，它看着我，我看着它。

——英国一只日本猕猴从动物园里逃走，被上千人追捕一周无果，最后因为偷吃村民的食物被抓捕

人们都疯了，很多顾客都说他们想要100万。

——在俄罗斯Zhiznmart超市的老板伊万承诺向每位食品中毒的受害者提供100万卢布的赔偿后，一些俄罗斯市民便故意去舔超市卖的新鲜鸡蛋，以感染沙门氏菌来索赔

我有两个缺点：我心地过于善良，而且会不假思索地出拳。

——21岁的俄罗斯女子Alisa在过生日时遭到前男友骚扰，尽管她多次发出警告并向保安求助，可前男友仍不罢休，最终身着连衣裙和高跟鞋的Alisa凭借格斗冠军的身手把他打倒

我既确信她是非常爱我的，又意识到一种不公平：她每天从早到晚卖土豆和牛奶，就是为了让我能够坐在阶梯教室里听老师讲柏拉图。

——诺奖得主安妮·埃尔诺笔下的母亲

小山羊在6年后是要留级吗？

——日本鹿儿岛县一所小学只有8名学生，由于今年没有招到新生，学校决定招收一只小山羊给孩子们做伴

我继承了一笔巨额财富，但我却没有为此做出任何努力。

——德国企业家Marlene在继承2700万美元之后，宣布将通过问卷邀请、筛选

50人共同决定这笔钱该怎么花

由于隧道口太窄，逃犯们只能直接挤进等待的警察的怀里。

——在委内瑞拉的马拉开波市，一群囚犯费尽心机在监狱墙壁上挖出一个洞，希望从中钻出，去往自由的天地。然而，当他们一个接一个地从狭窄的洞口挤出来时，迎接他们的不是自由的空气，而是一群正在训练的警察

为寻找黄金，他卖掉了所有的东西。

——71岁的巴西老人达席尔瓦因为梦见家中厨房地下有金子，不听邻居劝告，坚持雇人和他一起挖了一个深40米的竖洞，后来不慎掉入洞中身亡

记住，没有一个女人是丑陋的！

——写出《福尔摩斯探案集》的著名作家阿瑟·柯南·道尔，在儿子评价路过的女人面容丑陋时，狠狠扇了他一巴掌

等着吧，猴子们这就要去网购弹弓和步枪了，这事儿很难收场。

——在泰国华富里府，猴子们肆无忌惮地破坏人类物品，从当地商贩和游客那里偷走各种东西。更离谱的是，猴子们还会拉帮结派街头互殴，泰国警察被迫上阵加入猴群大战中。随着捷报传出，当地媒体还贴出了猴群势力划分图，称当地目前主要有两大帮派，一些劣迹斑斑的猴大佬们都榜上有名

为什么这种事从来不发生在我身上？

——纽约皇后区的一对夫妇在可乐娜公园的湖边用磁铁钓出一个内有10万美元的保险箱，引发了网友的震惊

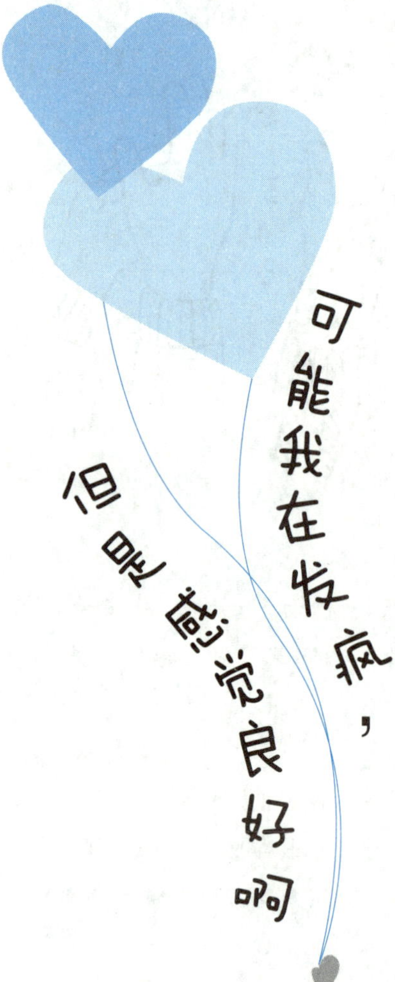

在热气腾腾的洗澡间里，我和世界接轨了。

生活好无聊，只想吵架。

——没理想编辑部

等着吧，反正咱不能穷一辈子。

——老舍

再多的你就不要问了，结婚是不可能的，我没有结婚的本事。

——赫尔曼·黑塞

每天早晨都是凭借杀人般的意志起床。

——金爱烂

迟起给我最大的好处是，我没有一天不是很快乐地开头的。我天天起来总是心满意足的，觉得我们住的世界无日不是春天，无处不是乐园。

——梁遇春

哪怕能多睡一分钟也好。只要再多睡一会儿，疲劳就会消失——对此我深信不疑，一直赖在床上。

——津岛佑子《光之领地》

我也想一了百了，但是我了不起。

——冯唐

如果你的朋友们开始夸你看上去多么年轻，那就是你正在变老的确凿证据。

——马克·吐温

世界像粪，我用力想呀想呀才想起来，原来像粪！

——阎连科

今天我累死啦！烦死啦！

……

我多倒霉，上这个劳什子大学。

——王小波

只有两件事可能是没有极限的：宇宙，以及人类的愚蠢。

不过前者我还不太敢确定。

——爱因斯坦

从来没有认真学习过的人的悲哀之处就在于，即便想复习迎考也根本不知道该从何做起。

——东野圭吾《我的晃荡的青春》

世界上最无趣的事情莫过于开会了。大好的日子，一大堆人被迫放下手头的急事、要事、趣事，济济一堂，只为听三五个人逞其舌锋，争辩一件议而不决、决而不行、行而不通的事情。

——余光中

每家每户都有废物，我们家的废物就是我。

——西蒙娜·德·波伏娃

1858 年 9 月 19 日：很愉快。决定了，应当爱、应当劳动！就这样。

1858 年 9 月 20 日：很累。不想爱了，也不想劳动了。

——列夫·托尔斯泰

与其投入文坛，还不如投河。

——巴尔扎克

我做了一辈子牛马，哈哈！

那时候可该做人了！我做牛马做够了！

——萧红《看风筝》

生命是短暂的，让我们干杯！

——阿列克谢耶维奇

我都已经疯了，所以干脆很享受。

——文森特·梵高

人类是唯一会脸红的动物，或是唯一该脸红的动物。

——马克·吐温

我平生不足，唯饭与睡耳。他日得志，

当吃饱饭了便睡，睡了又吃。

——苏轼《东坡志林》

自从我工作了这些年，我的脑子就空了，人就瘦了，丑了，老了。

——契诃夫

我常感到自己没有爱情，而只有一块心形状的石头。

——玛格丽特·阿特伍德

我为什么要让工作这只癞蛤蟆
盘踞在我的生活之上?

——菲利普·拉金

真想一下子把整个世界碾成齑粉!

——陀思妥耶夫斯基

我有三个主要缺点：(1)优柔寡断，缺乏主见；(2)易发脾气；(3)懒。

——列夫·托尔斯泰

我喜欢自言自语，因为这样节约时间，而且不会有人跟我争论。

——王尔德

只要西瓜还在，世界就不会变坏。

——文化有限 FM

然而愈有钱愈想节省，愈贫穷愈要瞎花，是一般的心理，我此时也起了自暴自弃的念头："横竖是不够的，节省这个钱，有什么意思，还是吃罢！"

——郁达夫

至于人们在哪里，我在哪里，对此，我不知道，也无所谓，不管我知道什么，都见鬼去吧。

——费尔南多·佩索阿

有许多功课要预备，但总不愿意念书，晃来晃去也觉得没有意思。心境仍不好。人生真是苦哇!

——季羡林

她看着自己，缓缓地想：这么年轻，就已经生锈了。

——克拉丽丝·李斯佩克朵

我只想待在我的床上，待在房间里，或是任何一个地方，只要不是学校就好。

——奥尔罕·帕慕克

永远说实话，这样的话你就不用去记你曾经说过些什么。

——马克·吐温

他一辈子就是在犹豫，等到没办法了，胡乱选择一下。

——路内《花街往事》

我寂寞，我气恼，钱去得太快，我要

破产了，我要从烟囱里飞出去。

——契诃夫

每当汽车与我擦身而过，我就在心中大声叱骂：为什么不撞死我?

——三岛由纪夫《假面的告白》

下次一定完成“下次一定”。夏天嘛，发生点什么“意外”都合理。

——限时肤浅 FM

对不起，我的职业就是尽量享乐。

——乔治·爱略特

什么都不想做，就在床上懒着。但心里的某个地方，还在想着毫无进展的工作，急得不得了。

——山本文绪

开枪吧，随便你们做什么，反正我不起床。

——布尔加科夫《大师和玛格丽特》

因为没有钱，我不准备再写作了。

……

我们不会再赚到钱了，我也不会有书出版。

——海明威

他心里说：在一场暴风雨的翅膀下，我的热情和快乐在增加。他想：可能我在发疯，但是感觉良好啊。

——波拉尼奥

我没有理想，我就整天幻想。

——李安

人生再不发生点什么，我和日子都要长满灰尘了。

——看理想 FM

我第一天到文化馆上班时，故意迟到了两个小时，结果我发现，自己竟然是第一个来的，我心想这地方来对了。

——余华

生活就像被困在肥皂泡里的屁。

——萨特

最近很疲惫，去北极喂喂考拉吧。

——谐星聊天会 FM

天呀！他这样说话必是发疯啦！

——艾米莉·勃朗特

我的头脑总是枯竭，但我装着没这回事。

——博尔赫斯

人类从历史中获得的唯一教训是，从来不会吸取任何教训。

——黑格尔

1—100岁，正是怨气大的年纪

如果你惹毛了我，嘿嘿，我就会变得毛茸茸啦。

给你讲个笑里藏刀的故事，哈哈哈哈哈刀哈哈哈哈。

什么是安全感？就是做完题，有同学和你念出了一样的答案。

就很奇怪。睡一晚上被子都是冰的，一到起床的点被子就开始暖和了。

不要再提示什么“这个密码太弱了”，我的记忆力也很弱，求求你就让我用这个吧。

友谊就像一盘散沙，都不用风吹，你让他给你多砍几次拼多多就散了。

鱼越大，刺越大；刺越大，肉越少；肉越少，鱼越小。所以鱼越大，鱼越小。

条条大路能不能通罗马我不知道，但我手机上每一款 App（应用程序）和小程序都可以通向购物 App。

“我也还没开始写”可以说是学生时代最能安慰人心的一句话了。

物以类聚，人以群分，没用的我买了很多没用的东西。

我已经接受了自己的平庸，但我的领导不接受。

有人考试靠实力，而我考试靠的是想象力。

从我花钱的方式我能感觉出来，我本来应该是个有钱人的。

我的钱虽然不是大风刮来的，但很像大风刮走的。

姜还是老的老。

一旦一个人宣布要减肥，那就表明，他要背着别人偷偷吃东西了。

学生只担心晚自习老师会不会在门后偷看，他们不知道这么黑的夜老师一个人站在外面有多害怕。

别看我平时对你一副漠不关心的样子，其实我背地里说了你好多坏话。

生活给了我许多变胖的机会，我都抓住了。

有很多事情你当时想不通，别着急，过一段时间你再想，就想不起来了。

你说发了工资就请我喝奶茶，这么久过去了，我很担心你，你是不是被开除了？

一想到马上要睡着了，就兴奋得睡不着。

其实我本人很轻，体重之所以显示的数值高了，那是因为我心事重重。

不要慌，运气这东西，全靠运气。

我办事，你就闹心吧，这天底下就没有我办成的事。

两天没喝奶茶了，感觉自己都没那么甜了。

我说我在忙，你知道我在忙就行了，别问我在忙什么，不然我还得编。

不管是新朋友还是老朋友，聚会的时候不玩手机有那么难吗？试着跟朋友们玩一个“聚会的时候谁玩手机这场就谁买单”的游戏，久而久之你会发现，你已经没有朋友了。

生日聚会上，我偷偷地给自己许了个愿，不知道能不能实现，毕竟是别人的生日。

恋爱应该也算极限运动的一种吧：思维冲浪，心脏跳伞，自尊潜水，泪腺跑酷，疑心攀岩。

只要老师说“我要出去五分钟”，我们班的同学就能马上组织起一场五分钟的小型派对。

虚心使人进步，骄傲使人开心快乐膨胀兴奋到睡不着觉。

当我度过艰难的一周后，我要好好犒劳下自己。当我度过快乐的一周后，我也要好好犒劳下自己。反正我就是需要犒劳下自己。

这一年你并不是一事无成，毕竟还有无数次的支付成功。

为什么要走出舒适区？人辛辛苦苦的目标不就是能早日舒适吗？我都在里面了啊。

小时候，我会吹嘘自己晚上熬到了十一点；成年后，我会吹嘘自己晚上十一点前就睡了。

建议意志力薄弱的人想吃夜宵就直接点。不然最后实在撑不住还是点了外卖，就白挨半天饿了。

你怎么也叫不醒一个不回你消息的人，但你猜怎么着？红包一出手，立马就醒了。

很多人的信仰是很复杂的，简单来说可以这么讲：左眼跳财，好开心；右眼跳灾，去你的封建迷信。

每当准备认真看书的时候，这个世界就变得非常有趣，任何风吹草动都能吸引人。

爱笑的人运气不会太差，太差的也笑不出来。

在学校食堂买饭的时候，如果你前面排了几个人，那可能不是几个人，而是几宿舍的人。

很多人在提及小房子时，都喜欢说“虽然小但是很温馨”，好像大房子就不温馨似的。

就算你在网上混得风生水起，在你爸妈眼里，你就是在玩手机。

画饼秘籍：过两天、到时候、本打算、等以后、不着急、相信我、是真的。

减肥越减越胖的原因是，一旦发现自己稍微瘦一点，就想吃点东西庆祝一下。

去中医馆，医生说我容易发脾气，我说我的性格很好，然后他说：“你在装。”

经常看到有人说“接好运”，我就想问问，你们是拿什么接的，不会是空手吧？

我一闭眼世界都黑了，我一睁眼世界都亮了，我不是主角谁是啊？

我长话短说，但是说来话长。

我相信你是个守口如瓶的人，但我怕你的朋友是个开瓶器。

任何工具一旦从你的手中掉落，它总能找到最隐蔽的藏身角落。

老师说一道错题就是一笔财富，我看了看自己的卷子，才发现我原来如此富有。

人们的行为总是和时代一起进步。我刚刚看到，一位老爷爷扶着一个盯着手机的年轻人过马路。

别人情绪稳定靠强大的精神内核，我情绪稳定纯靠懒——懒得搭理，懒得掰扯，懒得动一下脑子。

密码强度 80% 就是说你有 80% 的概率会忘记密码。

我目前的交友原则是对方有多少优点不重要，有各大视频软件的会员比较重要。

不好意思，有没有懂机械的修理师傅给我修一下，我的命运齿轮好像卡死了。

高考是个神奇的游戏：小学一年级开号后，长达十二年的副本让你打个够，剧情曲折，任务颇多；玩家海量，对战临场感超强；解谜题难度高，通关成就感强；高分过关还能获得“其他玩家父母猛夸”等荣誉。

人的一生中，不仅要照顾那么多人，还要给那么多电子产品充电，真的很累。

睡不着，闭上眼睛满脑子都是诗句，有知识的人就是这样吧——十年生死两茫茫，喜羊羊与灰太狼。

远离在你伤口上撒盐的人吧，下一步就要撒孜然了。

我常常火急火燎地下班赶回家，然后无所事事地在沙发上玩手机。

买衣服一定是要试的，进试衣间试，这样才能偷偷翻吊牌看价格。

世界上有两种人最让我讨厌：1. 看热闹的人；2. 不告诉我到底发生了什么事的人。

谈恋爱就像做数学题，有些成绩差的，错了都不知道哪里错了。

高中的数学没有出现小明了，我就知道那个一边放水一边注水、出门经常忘带东西的笨蛋家伙根本考不上高中。

和朋友出去玩，我跟领导请假说身体不舒服，要在家休息。晚上，领导给我的一万多微信步数点了个赞。

这辈子最灿烂的笑容，都给了手机屏幕。

我将玫瑰藏于身后，店老板说：“拿出来，这里有监控。”

少爷已经十年没笑过了

一句话的信息量能有多大?

神回复：对方撤回了一条消息。

有哪些我们至今无法做到，但古人做得到的事情?

神回复：一天不玩手机。

《西游记》里面最重要的妖怪是谁?

神回复:白骨精。重要的妖精要打三遍。

比“宇宙”更大的词是什么?

神回复：考试范围。

如何用一句话形容“心动”?

神回复：特后悔今天早上没洗头。

你至今做过的最无私的事情是什么?

神回复：高三时疯狂地玩，把上清华北大的机会留给了别人。

你遇到的最抠的人是怎样的?

神回复：刷视频的时候如果不小心点到红心，我是会滑回去取消的。

哪句话支撑着你度过许多艰难时刻?

神回复：算命的说我以后会有钱的。

如何以“少爷已经十年没笑过了”开头写一个故事?

神回复：少爷已经十年没笑过了，他现在是十里八乡有名的不笑子。

你知道吗，总有一天你会变成你讨厌的人。

神回复：谢谢吉言。我讨厌有钱人。

为什么复姓会让人觉得高端?

神回复：试试欧阳翠花、轩辕建国、宇文铁柱。

为什么你说要克服拖延症，结果还是没有任何改变?

神回复：因为我发现我每次拖延之后，最后还是能把事情办完。

用四个字描述你喜欢的人。

神回复：不喜欢我。

猫有什么天敌？

神回复：薛定谔。

你做过的最阴暗的事是什么？

神回复：大一时跟舍友说去网吧通宵，实则去图书馆学一晚上高数。

你什么时候感受到了岁月的残忍？

神回复：今年我妈还没催，我就自己穿上了秋裤。

什么东西是你一直想吃，但吃到后又觉得很难吃的？

神回复：自己做的菜。

怎样文绉绉地告诉一个人他长得难看？

神回复：此颜差矣。

虽然我一无所有，但是我的字典里没有"放弃"两个字。

神回复：你不是一无所有吗？字典哪儿来的？

什么都想吃，又想吃不胖，怎么办？

神回复：休想。

如果当年荆轲有手枪，他能否刺秦成功呢？

神回复：荆轲都有手枪了，秦王也该有防弹衣了吧。

人要是被逼急了，什么都能做出来吗？

神回复：数学题恐怕还是不行！

为什么你的考卷答案和你同桌的一模一样？

神回复：因为历史总是惊人地相似。

观音菩萨告诉唐僧师徒要经历九九八十一难，这说明什么？

神回复：说明古代仙人那时已经会背乘法口诀了。

一句话激怒打工人。

神回复：我看你也不忙……

福尔摩斯和柯南的区别是什么？

神回复：福尔摩斯是哪儿死人去哪儿，柯南是去哪儿哪儿死人。

怎么描述单身狗？

神回复：自此鲜花赠自己，纵马踏花向自由。

成年了有不一样吗？

神回复：以前觉得心情烦的时候直接哭出来，现在就不一样了，直接气笑了。

大学同学来成都找我玩，我请他吃饭，他说要多带4个人过来，我怎么拒绝比较好？

神回复：你既然约了人，那我就不打扰你了，咱们下回有空再聚。

人生中有没有那么一件事，明知道失败的风险很大，有一万个理由放弃，但还是决定孤注一掷、奋力一搏？

神回复：交卷之前改答案。

晚上别人家都灯火通明，你不孤独吗？

神回复：我只是不结婚，又不是不交电费。

什么是男神？

神回复：就是那种看一眼就觉得这辈子跟你一点儿关系都不可能有的人。

为什么成绩好的同学会给成绩差的同学打工？

神回复：因为成绩差的同学给成绩好的同学打工上不了新闻。

你听过最伤害你的一句话是什么？

神回复：你是？

上学迟到的路上你最希望看到的是什么？

神回复：其他迟到的同学。

做题的时候首先要想出题者的意图……

神回复：他想让我死！

怎样含蓄地表达“我已经被收买了”？

神回复：我说句公道话……

如何从睡觉看出贫富差距？

神回复：“我上床睡觉了”“我回房间睡觉了”“我去楼上睡觉了”。

古人有拖延症吗？

神回复：不急，等明天抓住了孙悟空，再跟这唐僧一起炖了吃！

武侠小说中最令人无语的武功是什么？

神回复：点哑穴。

偏科是种什么样的体验？

神回复：这节课的英雄，下节课的狗熊。

最近十年，新一代智能手机浪潮替代了哪些旧事物？

神回复：替代了身边的朋友。

你是在健身多久后开始发现自己身体有了明显变化的？

神回复：第一天，变得很饿。

我这人脾气很犟，别人说什么我都听不进去，没人能要求我，做事情总是自己想怎么做就怎么做，你说我这样的人能干什么工作？

神回复：理发师。

校服是我和她穿过的唯一的情侣装，毕业照是我和她唯一的合影。

神回复：地球还是你和她唯一的家园呢！

等我瘦了就来见你。

神回复：不想见就直说。

为什么我的前女友还是关注我呢？

神回复：知道你过得不好她就放心了。

你会给自己写什么墓志铭？

神回复：没什么事我就先挂了。

长得丑是一种什么体验?

神回复：本来都开开心心的，你为什么要问这个问题?

用一句话证明你看过四大名著。

神回复：军师救我！妹妹救我！哥哥救我！悟空救我！

上学时，学过的一节课里最伤感的一句话是什么?

神回复：背诵全文。

看一个人的吃相，你能看出什么?

神回复：这饭好不好吃。

沉得住气是一种怎样的体验?

神回复：出差回家，看到十个快递包裹。太困了，没拆。

你全年坚持做的一件事是什么?

神回复：每天给手机充电。

你为什么每天都这么开心?

神回复：记性不好，所以常常忘掉了烦恼。

最早患有拖延症的人是谁?

神回复：战国时期的范雎。因为他说过“君子报仇，十年不晚”。

为什么你要定 7 点和 7 点 01 分两个闹钟?

神回复：偶尔我也会想放纵一下。

哪句话让你突然沉默好久?

神回复：我之前一直以为“情绪稳定”是一个好品质，是一个人的修养，直到我看到了“情绪稳定可能是倒霉惯了导致的”。

走路时总是走着走着不想走了，想躺地上是怎么回事?

神回复：年轻人你很有潜力，来跟我学碰瓷吧。

你从小到大被造过的最离谱的谣是什么?

神回复：以后肯定有出息。

有什么吵架一定赢的技巧?

神回复：你牙上有菜叶。

有哪些靠谱的美白偏方?

神回复：宅。

考完英语，你最大的感受是什么?

神回复：我从未如此清晰地知道我是中国人。

世界上最可怕的两件事情是什么?

神回复：被网友叫真名，被现实中的朋友叫网名。

为什么《西游记》里的妖怪抓到唐僧后一定要蒸着吃呢?

神回复：据考证，作者吴承恩是淮安人。淮扬菜讲究保持食材原味，以蒸煮为主。

需要钱，亲爱的

谢谢我未来的对象，感谢你这23年来都没有出现过，让我得以专心于学业。

——某毕业生论文致谢词

如果你极度迷恋一个人，那你一定配不上这个人。

——法国哲学家萨特如是说。这并不是对爱情的贬低，而是对人性的深刻洞察

写书今日了，先生莫咸池（嫌迟）。明朝是贾（假）日，早放学生归。

——在新疆吐鲁番阿斯塔那古墓出土的一卷唐代文书中，记载了唐代一名学生的家庭作业。1300多年前，12岁的卜天寿写完他5米多长的家庭作业后，题诗央求老师早点儿放学

需要钱，亲爱的。

——有人问作家多萝西·帕克："你觉得你的大部分作品的灵感来源是什么？"萝西·帕克如是回答

输在起跑线上，总比输在终点好，省了一顿跑。

——李娟文字里的松弛感

你明白，如果你开口问她，她很有可能拒绝；但是你一直不问，就一直保留一个她答应和你约会的可能。

——薛定谔的约会

我希望我的朋友们都过得很好，但不要来找我。

——“I人（性格内向的人）”的内心独白

别说人和人了，就连熬夜的自己和早上起床的自己都没法互相理解。

——关于“理解之难”

爬山时：“累死了，再也不爬山了。”

发微信朋友圈：“小小泰山，拿下！”

——毛坯般的现实人生，精装的微信朋友圈

清华大学2024级本科新生开启军训20千米夜间拉练，0点出发，4点结束。

——又多了一个不考清华的理由

1. 经常长时间发呆。

2. 只会在别人先触发对话的情况下开口说话。

3. 刷我的好感度，可能会获赠小礼物。

4. 建模潦草。

5. 生命值很低。

6. 如果你问我问题，我会讲无关的事情。

7. 长时间待在固定位置，很少移动。

8. 会重复做同样的工作，但不会获得经验，更不会升级。

9. 当主人公试图带上我升级时，我会不停地返回自己的初始地。

——网友@今天减肥了吗 发现自己可能是NPC（游戏中的非玩家控制角色）的证据

全班同学的作业都交了，就差你了。

——学生时代最孤独的一瞬

中学：体育课时间怎么过得这么快?

大学：体育课时间怎么过得这么慢?

——中学和大学的区别

当一个人说“不是我自夸”，他就要开始自夸了；当一个人说“不是我泼你冷水啊”，他就要开始泼你冷水了；当一个人说“不是我不相信你”，他就是不相信你。

——隐藏信息

无限续悲。

——形容一个人的精神状态：小悲、中悲、大悲、超大悲、无限续悲

贾宝玉、孙悟空和武松站在一起，你选谁做男朋友?

——武汉大学新闻与传播学院中国古代文学课的期末考题

踩点起床，踩点上课，踩点上班，踩点下班，踩点赶车……

——当代年轻人“多踩”的一生

长大的我：板着个脸

上语文课，老师问我陶渊明后来怎么样了。

我一时想不起来“隐居”这个词，于是回答：“他退圈了。”

和闺蜜玩“你说我猜”游戏。

题目：爱因斯坦。

闺蜜：“就是发明灯泡的那个人。”

我：“爱因斯坦。”

某大学进行了全院篮球比赛，进入决赛的是历史系队与计算机系队。历史系队是上届的冠军。赛前，两个系挂出了各自的海报，以助声威。

历史系的海报：“历史证明，历史有惊人的相似！”

计算机系的海报：“舆论公认，计算机将改写历史。”

如果把你的一生拍成电影，你会起个什么名字？

“真烦传”“一生囧途”“我在人间凑数的日子”“那些年替别人砍过的拼多多”“钢铁是怎样炼废的”“谁偷走了我的富二代人生”“这个单身狗不太冷”“仇富者联盟”……

在病房里帮护士转移病人时，病人对我说：“小哥你长得很帅呢！”

我心里一阵高兴，然后查看当日护理记录，上面写着：“会说一些不合逻辑的话……”

上司：“你知道我为什么生气吗？”

新员工：“因为你把个人情绪带入工作了？”

“上次见面，我觉得你挺好的。”

“嗯。”

“你觉得我怎么样？”

“挺好的。”

“那我们呢？”

“我们都是好样的！”

刚才我爸怒气冲冲地推开我房门，盯着我。愣了将近一分钟，接着转身跑出去和我妈说话。

虽然他很小声，但是我听到了。

他问：“我们儿子叫什么名字来着？”

在医院值班，一个病人过来问病情。

病人：“医生，您贵姓？”

我：“我姓孙，孙悟空的孙。”

聊完后，病人说：“谢谢侯医生。”

“你有想过五年后的生活是什么样的吗？”

“听着，我只想撑到这周的周五。”

学财务的朋友看偶像剧，看到“霸道总裁”给公司员工包场看女朋友拍的电影，发出一声叹息：“这种钱要怎么走账啊？算员工福利吗？可员工福利要扣个人所得税的。”

五岁的我：大人为什么总板着个脸。

长大的我：板着个脸。

孩子毕业了，班主任要解散班级群。

家长说：“老师您退吧，我们不退。过些年改成相亲群，毕竟知根知底，住的地方也近。”

小红嫌自己的脸盘大，问妈妈有没有能让脸变小的办法。

妈妈回答：“有，大蒜可以。”

小红疑惑地问：“是不是大蒜有燃烧脂肪、促进新陈代谢的作用？”

“大蒜能让别人远离你。别人离你越远，看你的脸就越小。”

今天去面试，面试官问了我一个问题：“你备了六瓶水，但是来了七位领导，你该怎么放？”

我答：“每两个人中间放一瓶，把自己的困境转化成他们的内部矛盾。”

我问：“妈，什么叫唯唯诺诺的人？”

妈妈回答：“就是那些从不发表自己的意见，嘴里常说‘对对对’的人，孩子他爸，我说得对吗？”

爸爸回答：“对对对。”

今天听见两个人吵架，其中一个对另一个说：“我的脸都比你的腿长！”一时真是不知道该心疼他们哪一个。

班上转来一位新同学，叫王爱卿。很快，所有的男生都和他打成一片，不是他人缘有多好，魅力有多大，而是我们每次叫他的名字时，都感觉自己是皇上。

小学老师：“你要是不好好学习，将

来就考不上初中。”

初中老师：“你要是不好好学习，将来就考不上高中。”

高中老师：“你要是不好好学习，将来就考不上大学。”

大学老师：“你要是不好好学习，将来就找不着工作。”

公司老板：“你在学校的时候是不是光顾着学习了？”

终于明白我与尖子生的差别在哪儿了。尖子生情绪很差的时候在桌子上趴一会儿，两分钟后起来继续写作业。我情绪很差的时候在桌子上趴一会儿，两分钟后就睡着了。

记者做街头采访：“大娘，您觉得今天的沙尘暴给您的生活带来了什么影响？”

对方解开蒙在脸上的围巾说：“影响……太大了！首先你要看清楚，我是大爷！”

和闺蜜去逛街，上午下了小雨，路上有点滑，她摔了一个大马趴，然后一把抓住我说：“别想假装不认识我！”果然是闺蜜，太了解我了，我嫌她丢人，刚想离她远点来着。

听办公室老师在批评学生，我还是一句话都不敢说，只能不断对自己说：“别怕，你也是老师。”

上课期间，同桌偷偷看笑话，看到几个超好笑的，忍不住扑哧一声笑了出来。全班同学和老师都诧异地盯着他。他当时不知道是不是脑子抽了，扭过身子对着我喊道：“你居然点我笑穴！”

约翰问中国朋友：“你们中国人真会功夫吗？”

中国朋友回答：“当然了！你知道吗？中国功夫里面最高深的一种叫点穴，连小学生都会！”

约翰摇头表示怀疑，于是中国朋友立马做起了眼保健操，边做边介绍道：“你看，这叫揉天应穴，挤按睛明穴，揉四白穴，按太阳穴轮刮眼眶……”

一名女士应聘接待员，面试官问她：“我看您以前受雇于一位心理学家，请问，您为什么要离职呢？”

“因为我无论怎么做都不能让他满意。”女士回答，“我上班迟到，他就说我有敌意；我早到，他就说我太焦虑；我按时上班，他又说我有强迫症。”

面试的时候，面试官看我的简历上写着“做过配音”，一时兴起让我来一段。

当时我脑子一抽，说：“对不起，您拨打的电话已关机，请稍后再拨。”

面试居然通过了！现在除了本职工作，我还要负责接投诉电话。

朋友要在运动会上表演一出古装话剧，在影楼化好妆、穿好服装后，就急匆匆朝学校赶去。但路上怎么都打不到车，朋友怕迟到，就冲到街上问一个女孩："现在是什么时候了？"

女孩盯着朋友身上的古装看了半天，突然回答说："现在已经是公元2024年了……"

医生："别紧张杨明，这只是一次小手术而已！"

病人："嗯？医生，我不叫杨明。"

医生："我知道，我叫杨明。"

开会时，老板突然深吸一口气，严肃地说："我是一个'菠萝'。"

大家都愣住了，开始思索自己是什么水果。接着，他说："希望你们都能是我的千里马。"

一位年轻的音乐家在自己的婚礼上演奏吉他。调音的时间有点儿长，于是，他抱歉地对宾客说："戴戒指调音比较困难，让大家久等了。"

一个中年男人大声地说："你以后就知道了，戴上了戒指，无论干什么都比较困难！"

大学第一堂课，老师说："上课点名是件非常没品位的事情。"

学生们狂喜，老师接着说："因此我决定改为签到。"

今天去书店买书，我看中了两本书，一本是精装版，一本是平装版。我问店员："这两本书有什么不同吗？"

店员认真地对比了一下，然后一本正经地说："这两本书的区别就是，一本贵得有理，一本便宜实惠。"

刚进电梯，一个七八岁的小女孩问我几点了。

我想吓吓她，于是压低声音说道："你能看见我？"

小女孩一脸疑惑地说："叔叔，你那么胖，谁看不见啊？"

陪奶奶散步，遇到一个帅哥，我多看了几眼。奶奶会意地问："喜欢吗？"

我不好意思地点了点头。奶奶又问："想要他的电话号码吗？"

我瞬间脸红了。这时，奶奶独自向帅哥走去。不久，我的电话铃声响了，里面传来一个很有磁性的声音："你好，你奶奶迷路了，你赶紧过来接她吧，我在公园的凉亭里等你。"

别人的晋升之路：专员，主管，经理，总监。

我的"晋升"之路：一部分人，某人，极个别人，更有甚者，我就不说是谁了。

刚上幼儿园的小侄女说："姑姑，你头上有一条小路。"

我笑着笑着就哭了。

最近发现有些脱发，于是我问老妈："妈，您说我这脱发用去医院检查一下吗？"

老妈安慰道："不用，你爸年轻时也

这样，过一段时间就不会掉了。”

我看了一眼老爸的光头，发现老妈说得好有道理！

上课时，我偷看小说，看哭了，抬头抹眼泪时，不小心和老师四目相对。

老师向我同桌询问我怎么了。

同桌说：“因为您上课不叫她回答问题，她很伤心，经常偷偷抹眼泪。”

从此，每节课老师都让我回答问题。

记得冬天的时候，有一天懒得去上课就让舍友编个理由帮我请个假。

然后第二天我中暑住院的消息就传遍了整个学校。

亲戚问我：“你一个月工资多少？”

我说：“少。”

路边，一个老头对一少年说：“当日华山论剑，先是他用黯然销魂掌破了我的七十二路空明拳，然后我改打降龙十八掌，却不防他伸开食指和中指，竟是六脉神剑，又胜我一筹。可见天下武学彼此克制，武学之道玄之又玄！”

少年听得云里雾里，正要问，旁边老头的老伴大声说道：“玩个剪刀石头布都说得这般威风！”

公司组织员工上山植树。领导一不小心把小李给撞到坑里了。

领导忙笑着说：“小李，对不起啊，把你种到土里去了。”

小李幽默地说：“没事没事，感谢领导亲手栽培！”

之前给妹妹买过一架很大的玩具飞机，有一次，我俩真的坐飞机去旅游。

她特别委屈地问我：“姐姐，平时都是我一个人坐，今天怎么这么多人啊？”

瞬间所有人的目光聚集在我身上，我的驼背也挺直了。

我一直很懒惰，导致我的房间一直很乱，对此，我妈一直颇有微词。某一天，她来到我的房间说：“小偷如果来了，肯定不会拿你东西。”我问：“为啥？”我妈撇撇嘴说：“他肯定觉得这里乱得像已经被偷过一遍了。”

星期三放假非常科学的理由：

星期一：昨天放假了。

星期二：明天放假了。

星期三：今天放假了。

星期四：昨天放假了。

星期五：明天放假了。

周末：放假了。

这样的人生每天都充满希望，多好呀！

想买一个东西，但是嫌贵怎么办？教你一招：去看一看同类型中更贵的产品，再回来看你中意的这款，你顿时会觉得——这是什么破玩意儿！

老妈一直很乐观。一天，她有点惆怅

地自言自语道："唉，一转眼就 50 岁了。"

我正准备安慰她，又听见她悠悠地说了后半句："人生的三分之一就这么过去了啊！"

世界上最互相信任的两个人，应该就是初中老师和高中老师了。

初中老师说："这个知识点等你们到了高中，高中老师会讲的。"高中老师说："这个知识点，你们初中老师应该教过。"

考试之前，宿舍几个人去河边放风筝。一室友在风筝上写了"考试全过"四个字。可刚放飞没多久，风筝就挂在了高高的树枝上。

室友仰天长叹："完了，高数要挂。"

甲："我可以算得上是从基层干起，最后一直爬到顶峰的人。"

乙："你真了不起，那您是干什么的呢？"

甲："我以前是擦皮鞋的，现在是理发师。"

我问朋友："我的爱好是睡觉、吃饭、看剧、看小说，很丢人吗？为什么总被面试官嘲笑没什么爱好？"

朋友说："你改成冥想、美食、电影、文学试一试？"

我跟公司的王经理住在同一条街上，下班时王经理让我开车捎他回家。在路上，我们俩也没啥话说，正觉得尴尬，这时车开到了一个桥头，我就找话题，说："昨天有个傻瓜，开车竟然撞到桥墩上，车子都快撞报废了！"

这时，王经理表情很复杂地看了看我，说："所以我今天得蹭你的车回家！"

你晚上睡觉的条件：两个枕头，一个抱枕，热牛奶，褪黑素，蒸汽眼罩，耳塞。

你白天在公司睡觉的条件：坐着就行。

常有人说，自己连一个视频平台的会员都买不起，平台却给他放那么长时间广告，广告里的车子房子，他根本买不起，广告应该放给那些开了会员的人看。

这种观点是非常错误的。读了营销学就知道，奢侈品广告要打给买不起的人看，这样买得起的人在用的时候，买不起的人才能认识。

甲："遇到老是炫富的人，怎么让他闭嘴？"

乙："借钱。"

甲："有道理！"

同学说去聚会，结果我到的时候，发现有好多人都不认识，然后我们重新认识了一遍。刚认识完，那边打来电话："我们都到了，你去哪儿了？"

A："你什么时候最文静？"

B："开学遇老师，操场遇男神，家中遇亲戚，路遇陌生人，其他时候都像脱缰了的哈士奇。"

什么都在退步，只有熬夜在进步

没有比刚刚度过假的人更需要假期的了。

吵架不是为了说服对方，而是为了让对方不快乐。这就是吵架的意义。

多读点书，要不然你的三观是由你的亲朋好友决定的。不过现在也不一定了，也可能是短视频和网友。

你这文章，除了开头、中间、结尾不太好，整体上看还是不错的。

我发现有些小说作者，写贫穷的时候写得非常详细，写突然发财富起来的时候就草草带过，我就知道这作者和我一样没发过财。

孤独是你叫了外卖，就不敢去洗澡。

有时候我同意别人的看法，只是为了让他们不要再说话了。

如果你不会向某个人寻求建议，那么他的批评也没什么好听的。

和对象吵架后被对方改掉聊天软件上的备注，对我们当代人来说就是“褫夺封号”。

有点讨厌现在的游戏了，动不动就是充值，动不动就是邀请好友，还让不让人活了？我就是没钱，也没好友，所以才来玩游戏的呀。

聪明的人太多了，我必须为笨蛋争口气。

一个人讨厌我，那是他有问题；一群人讨厌我，那是他们认识。

我喜欢在包包上挂各种挂件的原因找

到了，原来是 DNA 里刻着的。那就是老祖宗的传统，古代人不也是身上挂个玉佩啊，香囊啊，宝剑啊，佩刀啊……

年轻人需要指点，但不需要指指点点。

科学研究显示，早晨醒来后半小时是人一天当中智商最高的时间，我们却把这个时间用来上厕所。

为什么中国人一旦失意，就想着回家种地？这山间田野中，到底有什么东西从古至今吸引着中国人？

长辈们认为吃饭时玩手机是坏习惯。其实换个角度看，我们是玩手机时还不忘吃饭。怎么样，是不是显得很会照顾自己呢？

我差不多就是这样的人，别看我平时嘻嘻哈哈，但如果你触碰到了我的底线，那我将会毫不犹豫地降低我的底线，让你触碰不到。

只要有快递在路上，这日子就有盼头。

很多人不是孤僻，而是有原则有选择地社交。和喜欢的人千言万语，和其他的人一字不提。

当代青年的生活现状：讲起道理小嘴叭叭，摊上事情眼泪哗哗。

还是无法接受现在是 2024 年。按照我小学作文里写的，我现在应该已经坐上会飞的车了，而不是每天骑共享单车。

一种年轻人在放假时特别常见的状态：每天在“饿死我了”和“撑死我了”两种状态之间来回切换。

努力不一定被看见，但是一休息就会

被看见。加班不一定被看见，但是迟到一定会被看见。

没有人的工作是不可以被取代的，如果辞职后，老板认真地挽留你，这说明你是可以取代你的候选人当中最便宜的。

我之所以有如此严重的拖延症，就是因为我每次拖延之后，还真能把事情都办完。

当你觉得自己的想法很创新时，十有八九是知识面太窄。

心理学家曾说过："一个人越炫耀什么，就越缺少什么。"可我怎么觉得他们炫富的就是有钱，秀恩爱的就是有对象，晒景区的就是去旅游了呢？

爸妈真的很神奇，朋友圈的什么谣言都信，但你编的瞎话他们一眼就能看穿。

科技改变生活，也改变了学习的方式。以前遇到不懂的问题，得跑到图书馆去查资料；现在遇到不懂的问题，只需要打开手机，就会忘记那个问题是什么。

长江后浪推前浪，边推边说"让一让"。

互联网行业"话术"——智慧城市：路口装摄像头。大数据分析：收集用户隐私。联合创始人：老员工。赋能：拉你一把。孵化器：办公室是租的。

人生就像不停在用的铅笔，开始很尖，但慢慢地就磨得圆滑了。不过，太过圆滑了，就差不多又该挨削了。

毕业季：母校永远是你们的家，常回家看看，永远欢迎你们。

毕业后：社会人员禁止入校。

我不光容貌焦虑，我还上学焦虑、体重焦虑、吃饭焦虑、审美焦虑、社交焦虑。我都快焦煳了。

你之所以觉得时间一年比一年过得快，是因为时间对你一年比一年重要。

在我刚毕业没有找到工作时，我爸的微信朋友圈置顶的两篇文章分别是《该不该给儿子买房》和《孩子，没人欠你的》。

当代网友现状：自己的感情没有着落，跟着别人的感情大起大落。

矮个子请高个子帮忙取放在高处的东西很合理，但如果高个子请矮个子帮忙捡掉在地上的东西就会很冒犯人。

活到现在，很多行为模式和思考模式都固定了，别人教导我、纠正我，我不一定听。但有一个场景例外，我听劝的唯一理由就是"这样会影响财运"。

思维漫游

往外张望的人在做梦，向内审视的人才清醒

对一件很小很小的事，我知道得很多很多

鲸落海底，哺暗界众生十五年。

——加里·斯奈德

生活就是用牙齿咬着一朵花成长。

——埃乌热尼奥·德·安德拉德

天育物有时，地生财有限。

——白居易

我们不要过分陶醉于我们人类对自然界的胜利，对于每一次这样的胜利，自然界都对我们进行报复。

——恩格斯

没有实力时，对别人的好，很容易被定义为讨好。

——刘震云《一句顶一万句》

有时候真实比小说更加荒诞，因为虚构是在一定逻辑下进行的，而现实往往毫无逻辑可言。

——马克·吐温

管理的本质是建立信任，最大的管理成本是信任成本。

——德鲁克

君子持身，自养浩然正气，虽百邪，难辟也。

——《大宋少年志》

人的精神财富，不是由幸福或愤怒堆砌，而是将生命的种种不适，写成自己的药方。

——苏童

我发现好人和坏人的一个区别是，好人总是适应世界的规范，而坏人总是试探

世界的底线。

——万维钢

构成一个人生命特殊性的，并不是他对于本能的顺从，而是他对于本能的反抗。

——梭罗

推卸责任本质就是你人生走向贬值的开始。

——乔布斯

凡是可以激怒我们的 事，都可以引领我们了解自己。

——卡尔·古斯塔夫·荣格

心守一事，一事不毕，一念不起。

——枡野俊明

就像“自由”和“纪律”永远都是连体婴一样，“舒服”和“束缚”从来都是相生相伴：它给你一口安稳茶饭，你就要遵循它的游戏规则。

——叶萱《让一切随遇而安》

改变的秘密，是把所有的精力放在建造新的东西上，而非与过去抗衡。

——苏格拉底

没有树，人会隐痛与缺憾；得到树，人会快乐与幸福；失去树，人会迷惑与企盼。

——苏童《三棵树》

以一个敞开的灵魂去关注一切，没有狂躁，没有期盼，没有论断，没有成见。

——赫尔曼·黑塞《悉达多》

半杯水之所以叫你不舒服，因为你弄

不清——它是无力斟满，还是剩下的。

——冯骥才

美感是一种冷静以后的回味。

——朱光潜

她们的闲言碎语对于她只是无须打伞的稀疏雨点。

——余华《第七天》

审视世界、解释世界或藐视世界，或许是思想家的事。我唯一的事，是爱这个世界。不藐视世界，不憎恶世界和自己，怀抱爱，惊叹和敬畏地注视一切存在之物和我自己。

——赫尔曼·黑塞《悉达多》

好的作品会唤起读者的感觉：不是正在下雨的事实，而是被雨淋的感觉。

——埃德加·劳伦斯·多克托罗

物理学研究的第一条原则，不要以类比方式来推理，应该从最根本的真理开始思考。

——埃隆·马斯克

一个作家可以描述他30岁、40岁和50岁之后的经历，但是他对这些经历的权衡和评判标准早在25岁的时候就已经确定，再难更改。

——菲茨杰拉德

然而怀疑并不是缺点。总是疑，而并不下断语，这才是缺点。

——鲁迅

美好的东西从来不会寻求关注。

——电影《白日梦想家》

关系的本质，是谁向谁投射焦虑，或是谁为谁承受焦虑。

——比昂

每个故事都有三个版本：你的版本、我的版本和事实。

——网易云音乐热评《我不难过》

站在痛苦之外规劝受苦的人，是件很容易的事。

——埃斯库罗斯

每个人在独处时都是真诚的，可当第二个人一出现，虚伪也随之出现了。

——拉尔夫·沃尔多·爱默生

一个人总是可以善待他毫不在意的人。

——王尔德

选择相信他们的谎言，不是因为年纪小，而是我愿意。

——张皓宸《抬头看二十九次月亮》

要是你掩饰自己的无知，没有人会修理你，你永远学不到教训。

——雷·布雷德伯里

在对某事会发生的恐惧和不会发生的希望之间，存在着超乎想象的空间，无数人在那个狭窄、坚硬、黑暗的空间里度过一生。

——伊沃·安德里奇

时间以同样的方式流经每个人，而每个人却以不同的方式度过时间。

——川端康成

成人意味着什么？一个因年龄而膨胀的孩子。

——西蒙娜·德·波伏娃

我信任这个世界，
就像信任一朵雏菊，
因为我看见了它，
但我没有考虑它，
因为思考意味着不理解。

——佩索阿

嫉妒的起点，是人们对自身脆弱的隐忧。

——余秋雨

对于河水来说只有当下，既没有过去的影子，也没有未来的影子。

——赫尔曼·黑塞《悉达多》

你的教鞭下有瓦特，你的冷眼里有牛顿，你的讥笑中有爱迪生。

——陶行知

清静就是不被人注视的那种温馨感觉。

——米兰·昆德拉《不朽》

科技是有温度的，当它融入人性和理想时，就成了推动人类前进的温暖之力。

——刘慈欣

许多事情的意义不会在当下就显露出来。意义就像不守时的客人，每每迟到，但总会带一份大礼。耐心观察才是关键。如果你找不到一件事的意义，那就多关注这件事。

——赖德·卡罗尔《子弹笔记》

没有人会同样的错误犯两次，当第二次犯这个错误的时候，那不是错误，是选择。

——《教父》

理想主义者和玩世不恭的人都觉得对方很可怜，可他们实际都很幸运。

——刘慈欣《球状闪电》

我宁可凝望一轮崭新的冰河纪，也不愿目睹这些司空见惯的场面。

——珍妮特·温特森《橘子不是唯一的水果》

或许将语言比作海面十分恰当，一样也是闪闪发光、变幻莫测。语言正如大海那般，你永远不知道清澈的深水中可能隐藏着怎样的暗礁。最清亮的海水里也隐匿着最危险的浅滩。

——罗伯特·谢克里《世界杂货店》

唯一不可阻挡的是时间，它像一把利刃，无声地切开了坚硬和柔软的一切，恒定地向前推进着，没有任何东西能够使它的行进出现丝毫颠簸，它却改变着一切。

——刘慈欣《三体 Ⅱ：黑暗森林》

如果活着只是一场巨大的葬礼，那我真想知道我们剩下的是什么。

——韩江《把晚餐放进抽屉》

一盏一盏亮着的灯，你不会去注意，但是如果它一亮一灭，你就会注意到。

——刘墉

如果时间穿过我们
好比流沙穿过沙漏
没有积累
只有循环

——李元胜《我和所有事物的时差》

冷冷的时间
已把你我压缩成一束白发

——洛夫

使他觉得遥远的不是时间长，而是两三件不可挽回的事。

——博尔赫斯

每个人的眼泪不一样，但想哭的念头是一样的

人们容易原谅别人的错误，却很难原谅别人的正确。

—— J. K. 罗琳

世界上最好的安慰，并不是告诉对方“一切都会好起来的”，而是苦着脸说：“哭个屁，你看，我比你还惨。”

——八月长安《你好，旧时光》

常想一二，不思八九，事事如意。

——林清玄

在学业上、知识上，总要力求进步。在对人方面，却不必样样争先，强出风头，倒是八十八分恰恰好。

——琦君

一个喜欢做总结下结论的“聪明人”往往不如一个喜欢涂涂改改自我否定的“笨蛋”。

——ONE · 一个

凡事适度为好，若持求盈满，便殃及祸端。

——洪应明《菜根谭》

被人理解是幸运的，但不被理解未必不幸。一个把自己的价值完全寄托于他人的理解上面的人往往并无价值。

——周国平

每个人都有自己的选择，我们都是如此，放弃一些不太重要的，换取一些重要的，值与不值，不足为外人道。

——电影《美丽人生》

人往往就是在克服困难的过程中，产生了勇气、坚毅和高尚的品格。常常抱怨工作的人，终其一生，绝不会有真正的成功。抱怨和推诿，其实是懦弱者的自白。

在任何情形之下，都不要允许你对自己的工作表示厌恶，厌恶自己的工作，这是最坏的事情。如果你为环境所迫，而做着一些乏味的工作，你也应当设法从这乏味的工作中找出乐趣来。要懂得，凡是应当做而又必须做的事情，总要找出事情的乐趣来，这是我们对于工作应抱的态度。有了这种态度，无论做什么工作，都能有很好的成效。

——卡耐基《人性的弱点》

当你只注意一个人的行为
你没有看见他
当你关注一个人的行为背后的意图
你开始看见他
当你关心一个人意图后面的需要和感受时
你看见他了

——伯特·海灵格

阅读是我的娱乐，我的消遣，我的慰藉，我轻微的自毁。如果我无法忍受这个世界，我就蜷缩在书里。书就像是一艘小飞船，带我远离一切。

——苏珊·桑塔格

你要明白，你永远做不出完美的选择。要想做出在事后看来无懈可击的选择是非理性的，因为事情的发展永远有无数种可能性。你就满足于一个适合你的“好答案”吧。

——罗尔夫·多贝里

太害怕别人的负面评价，你的生活就永远是他人欲望的合集。

——马克·曼森《果敢的活法》

人一辈子，只能靠长期去做某件事情来成就自己，而不是靠某一个人来成就自己。关于这点，你要么及早领悟，要么等待时光给出教训，逼你领悟。

——半山《半山文集》

如果一个人必须完成一件自己不喜欢的事，最好的办法就是尽快做好，然后结束。

——陈丹燕

这个世界上不缺乏专家，不缺乏权威，缺乏的是一个“人”，一个肯把自己给出去的人。当你们帮助别人时，请记得医药是有时而穷的，唯有不竭的爱能照亮一个受苦的灵魂。请记住你们每一天所遇见的不仅是人的“病”，也是病的“人”，人的眼泪，人的微笑，人的故事，这是怎样的权利！

——吴孟超

既入穷巷，就应该及时掉头才是，不可等一世消磨，悔之晚矣。

——《知否知否应是绿肥红瘦》

攥紧你手中的火炬，首先照亮自己的灵魂，发现其中的深刻与肤浅、虚荣与慷慨，认清自己的意义，无论你美或平凡。

——弗吉尼亚·伍尔夫《一间只属于自己的房间》

一个人如果站在自己的立场上来看待别人，常常会把人看错。所以，我看人，从来不看他对我如何，而是看他对待别人如何。

——苏格拉底

回避分歧，以免受到伤害，这实际上跟把垃圾藏在地毯下面的做法没有什么分别。

——马尔克斯《我们八月见》

不要憎恨你的敌人，否则你会失去自己的判断力。

——《教父》

以清净心看世界，以欢喜心过生活，以平常心生情味，以柔软心除挂碍。

——林清玄

真正的自爱，是把人作为一个整体去爱，爱自己的全部。你是你自己最好的战友，最好的旅伴。我们爱一个人，必然会接受他的不完美，他的局限性，他的痛苦与悲伤。孩子之于父母，情侣之于彼此，自己之于自己，都是如此。爱，无时无刻不在考验我们对人性全然的接纳。

——林音《走出心无力》

有时候人会做出一些看上去奇怪的反应，比如，越厌恶、越排斥的人和地方，我们却越容易纠结于此，越容易耗尽自己。

——蔡崇达《皮囊》

人应藏情，更当藏拙。人皆有失，其差异在于：聪明人能够弥补已犯之过，傻瓜却是宣扬待犯之错。声名更赖于心智而不是实际。既非圣贤，就该审慎。望高者其失亦显，恰好似日月之食。

——巴尔塔萨尔·格拉西安《智慧书》

越是试图强压内心的感受，假装云淡风轻地应对一段痛苦的经历，这种感受就会欲盖弥彰。没等伤口愈合就匆忙上路，日后定会出现相同的甚至更严重的后果。

——内德拉·格洛佛·塔瓦布《界限》

一个人面对外面的世界，需要的是窗子；一个人面对自我时，需要的是镜子。通过窗子能看见世界的明亮，使用镜子能看见自己的污点。其实，窗子或镜子并不重要，重要的是你的心。你的心明亮，世界就明亮；你的心如窗，就看见了世界；你的心如镜，就观照了自我。

——林清玄

谎话所提供的信息并不比真话少

你所看见的，只可相信其一半；你所听见的，半点都不可信。

——埃德加·爱伦·坡

一个人无法预见未来，这也许是一件好事。

——阿加莎·克里斯蒂

犯罪现场中的某些线索根据它们自己本身的性质，是不容易收集起来检测的。一个人又怎么能收集起爱情、愤怒、憎恨和害怕?

——詹姆斯·瑞斯

看到互不相干的两个点紧挨着，我们便错误地牵了线，把二者串在一起。

——松本清张《点与线》

在确认死亡之前始终相信生命的存在，这就是名侦探之所以被称为名侦探的地方。

——《名侦探柯南》

我向来不猜想。猜想是很不好的习惯，它有害于作逻辑的推理。

——柯南·道尔

如果真相是一种伤害，请选择谎言；如果谎言是一种伤害，请选择沉默；如果沉默是一种伤害，请选择离开。

——徐志摩

原罪被放大，总有一角照出自己。

——东野圭吾

人往往不知道一生当中真正重要的时刻——直到为时已晚。

——阿加莎·克里斯蒂

当你看过一千部以上的电影，你就会发现这世界上根本就没有什么离奇的事。

——电影《误杀》

廉者，民之表也；贪者，民之贼也。

——包拯

等待是件很痛苦的事，尤其是守株待

兔的猎人。在长久的等待后，看到有兔子靠近，猎人总是容易心中激动。但最后守株待兔能否成功，关键只看一点——耐性。

——紫金陈

一个人越是以自己身份说话的时候，便越不是自己。给他一个面具，他便会告诉你事实。

——王尔德

推理的旋律一定会奏出事实的真相。

——《推理之绊》

现在你想找出秘密，但是你无法找到，因为你没有真正在看。你并不是真的想知道，你希望被愚弄。

——电影《致命魔术》

要能看见自己一路走过来的脚印，并确信那些都是自己留下的印记，这才叫活着。

——东野圭吾《变身》

在排除所有可能性之后，剩下的无论多么不合乎情理，那就是真相。

——夏洛克·福尔摩斯

谎话所提供的信息并不比真话少。

——赫尔克里·波洛

约定俗成的事物最具迷惑性，骗局总藏在你熟视无睹的地方。

——松本清张《时间的习俗》

经常被称作是直觉的事物，其实是一种以逻辑推理结论或经验为基础的印象。

——阿加莎·克里斯蒂

你若沉默，请出于爱而沉默；你若发声，请出于爱而发声。

——奥古斯丁

邪恶获得胜利的唯一条件，就是善良的人们保持沉默。

——爱德蒙·伯克

我早就知晓，那种迷信是一种似是

而非的法则：人类所有感情都以恐惧为其基础。

——埃德加·爱伦·坡《厄舍府之倒塌》

阻碍人们发现真理的障碍，并非事物的虚幻假象，也不是人们推理能力的缺陷，而是人们此前积累的偏见。

——叔本华

在这个世界上，你到底做了些什么，这倒无关紧要。重要的是，你如何使别人相信你做了些什么。

——柯南·道尔

高耸大楼夹缝间的小路，远比天然峡谷险峻阴森。那是文明制造出的幽谷、科学制造出的深谷。

——江户川乱步《人间椅子》

水至清则无鱼，人至察则无徒。

——东方朔《答客难》

逻辑的尽头不是理性和秩序的理想国，而是我用生命奉献的爱情。

——东野圭吾《嫌疑人X的献身》

无论你如何尝试并改变方法，你的品位、你的习惯、你的思维模式、你的灵魂都会通过行动体现出来。

——阿加莎·克里斯蒂

电话诈骗可以多赚一千倍，是不是代表骗子比做新闻的贡献大一千倍？对比赚钱，我更关心真相。

——电视剧《新闻女王》

一颗小小的意念种子，也会生根成形。它可能成就你，也可能毁灭你。

——电影《盗梦空间》

我总是用冰山原则去写作，冰山露在水面之上的是八分之一，水下是八分之七，你删去你所了解的那些东西，这会加厚你的冰山，那是不露出水面的部分。如果作家略去什么东西是因为他并不了解那东西，那他的故事里就会有个漏洞。

——海明威

不可能的事尽管看起来不可能，但肯定有可能发生。

——阿加莎·克里斯蒂

世界上可能不存在万人共通的真实。但是，在某个人的主观世界中，真实无限存在。

——叶真中显《Blue》

死亡之前，人人平等。仔细想想，这可能是人世间唯一公平的地方。

——东野圭吾《宿命》

既然连明日是生是死都确定不了，一切多想都是枉然。

——江户川乱步

不要让邪恶住进心里。

——阿加莎·克里斯蒂

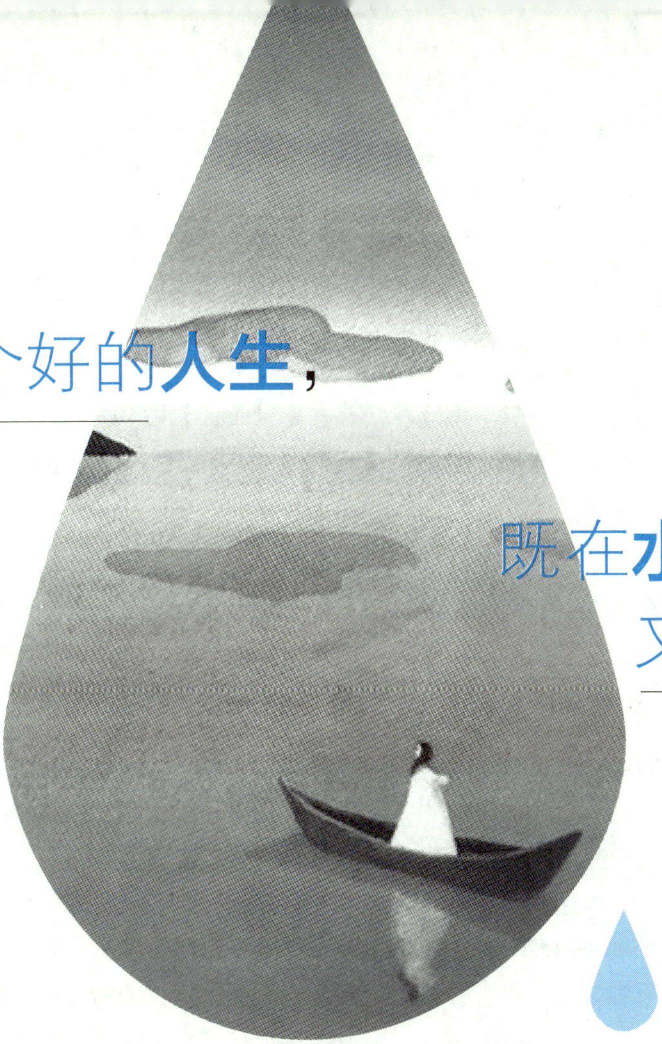

一个好的人生，既在水里，又在岸上

情深不寿，强极则辱。谦谦君子，温润如玉。

——金庸《书剑恩仇录》

步入成年的可怕之处在于，我们会被迫意识到，绝对没有人在乎我们。我们必须亲自处理所有事情，弄明白整个世界是如何运作的。

——弗雷德里克·巴克曼《焦虑的人》

人要一赌上气，就忘记了事情的初衷；只想能气着别人，忘记也耽误了自己。

——刘震云《一句顶一万句》

文学为我们打造出多个春天，让我们可以更加丰富地感知这个世界。纸卷成圆，就有了褶皱和容积，像肺泡，我和这个世界的接触面增多了。

——金爱烂

奈何一个人随着年龄增长，梦想便不复轻盈；他开始用双手掂量生活，更看重果实而非花朵。

——叶芝

从一条宽广大路出发的人常常走投无路，从一条羊肠小道出发的人却能够走到遥远的天边。

——余华《兄弟》

这就像是一张脸那样。其他人往往只能看到一张脸，但是在我们内心中，我们清清楚楚地知道，随着时间的推移，再优美的鼻梁曲线，也会慢慢地变成一个再普通不过的鼻子；我们会察觉皮肤的暗淡与粗糙；我们会发现，眼中的小小斑点会让目光不时地暗淡下来……这些小小的缺陷，相较于那些完美无缺的脸来，反倒让我更想亲吻，因为它们是那么可怜，因为它们让你只是你。

——玛赛尔·索瓦热奥

在人生中，出现时机恰到好处的食物，往往会成为记忆里无敌的味道。

——江鹅《俗女养成记》

年纪越长，越觉得孤独，是正常的。独立出生，独自去死。人和人，无法相通，人间的佳恶情态，已经不值一笑，人生是一次荒凉的旅行。

——金宇澄《繁花》

我们为体验这些可怜的、美妙的、灿烂的感觉而活，每一种被我们排斥的感情，都是一颗被我们熄灭的星星。

——赫尔曼·黑塞《克林索尔的最后夏天》

未经审视的人生不值得度过。诚然，但如果一个人总是停下来审视自己的人生，那他的日子也就没法过了。

——段义孚

生命本没有意义，你要能给它什么意义，它就有什么意义。与其终日冥想人生有何意义，不如试用此生做点有意义的事。

——胡适

不能习惯这种自甘堕落的生活。不能习惯命运的不公。不能丧失上进心。这些世之介都知道。但是，人生就是这样，总有一阵子你做什么都不成。

——吉田修一

即使是善良的人，也不能什么时候，向谁都显示出来善良。得到那个，就得不到这个。都是这样的事儿。要选择这个就要舍弃那个，如此反复，这就是人生。

——东野圭吾《信》

谁都不喜欢行李重啊。但不知不觉行李就变重了，这就是人生啊！

——村上春树

科学家研究发现，经常八卦的人幸福指数明显高于沉默寡言的人。人们面对生活的压力和挫折，适当地表达不满和抱怨，能释放负面情绪，缓解内心的焦虑。聊八卦还是一种无须注重逻辑的语言表达，不像做报告，也不必负责，没有思维负担。

——盛力

寂寞是一种清福。我在小小的书斋里，

焚起一炉香，袅袅的一缕烟线笔直地上升，一直戳到顶棚，好像屋里的空气是绝对的静止，我的呼吸都没有搅动出一点波澜似的。我独自暗暗地望着那条烟线发怔。

——梁实秋

其实任何人，在经历时，都不会知道自己正在经历一生中最幸福的时刻。

——奥尔罕·帕慕克

写作着，我是尊贵的，蓬勃的，可以祈祷天赐，真的得以神授，那文思如草在疯长，莺在闲飞。不写作，我就是卑微、胆怯、慌乱的，烦恼多多，无所适从。我曾经学习躲闪，学习回避，学习以茶障世，但终未学会，到头来还是去写作。

——贾平凹《河山传》

地球自西向东转动，从日升到日沉，分给每个人的时间都是24小时，不动如钟。在自己的时区里寻觅时光的意义，正是彰显人生理念的价值标尺。

——《人民日报》

你之所以相信一个人说的话，是因为他说了你想听的话。

——克莱儿·麦克福尔《摆渡人》

一个好的人生，既在水里，又在岸上。

——梁永安

这段看上去都不能被称为“阅读”的“阅读经历”，既没有恒心，也没有系统；既没有循序渐进，也没有切实的收获，几乎犯了所有读书方法论的大忌。但那又怎样呢？回头来看，这个过程中的每一本书都没有辜负我。它们从不逼我读完，也从不问我要什么心得。它们只是一站站地接力把我送到下一本书的面前。而其中有很多知识的触角，像一颗颗暂不发芽的种子一样蛰伏着，在后来的日子里偶尔钻出地面。很多年之后，我才知道自己早已深受其惠。

——罗振宇

明白道理是一回事，眼睁睁面对道理又是另一回事，道理像远看的珠宝非常悦目，但当从远处掷来而狠狠击中了身体，珠宝亦是石头，会让人痛彻心扉。

——马家辉《龙头凤尾》

满脑子天真想法的人，在社会上吃点苦头也是好事。

——东野圭吾《解忧杂货店》

你知道的，每当你要着急出门时，我就会手忙脚乱。我越是想快点，事情越是会变得乱七八糟，我慌张得仿佛变成了另外一个人。

——韩江《素食者》

那时我不曾认识到，人类品质的构成是多么复杂多样。如今我是充分懂得了，小气与大方、怨怼与仁慈、憎恨与热爱，是可以并存于同一颗心中的。

——毛姆《月亮与六便士》

亲爱的朋友们，一切悉听尊便，但无论如何，请切记：人生苦短。

——赫尔曼·黑塞

所谓“理解”，并不是进入他人内心，与其内心相遇，看清他的灵魂，而是站在他人身体之外，谦虚地承认自己的无知，猛烈地感知其中的差异。然后渐渐地缩小“外围幅度”，把“外面”变成“侧面”。

——金爱烂

这年我刚满十七岁，不知道天下的很多勇敢和崇高都面临着风暴。

——余秋雨

我二十几岁的青春，在市场待价而沽，在办公室里昏厥，在打字机上痛哭。

——艾伦·金斯堡

诗明明到处都是
要想把它拾起来
这人世间就来捣乱

——谷川俊太郎

什么叫失败？也许可以说，人去做一件事情，没有达到预期的目的，这就是失败。……一个常常在进行着接近自己限度的斗争的人总是会常常失败的。……只有那些安于自己限度之内的生活的人才总是“胜利”。

——王小波

人生虽然不一定因为强大而取胜，但会因为书籍而丰满。

——麦家

如果你浪费了自己的年华，那是挺可悲的。因为你的青春只能持续一点儿时间，很短的一点儿时间。

——王尔德

大部分人在二三十岁就死去了，因为过了这个年龄，他们只是自己的影子，此后的余生则是在模仿自己中度过。

——罗曼·罗兰

妈妈，你总是关心别人几岁。人重要的不是年龄，而是经历。有的人活到一百岁也没经历过什么事。

——石黑一雄《远山淡影》

宇宙就是一行诗，我们每个人都是一个字。这些字组成一个个句子，这首诗就能一直写下去。当这首诗写得足够长，总有一天，我们可以在这首宇宙之诗里，读懂我们存在的意义。

——电影《宇宙探索编辑部》

光影留声

电影太仁慈了，总能让错过的人再重逢

人生若无悔，那该多无趣啊

怯懦囚禁人的灵魂，希望可以让你自由。

——《肖申克的救赎》

要在这个世界上留下自己活过的证据，因为好不容易生而为人。

——《被嫌弃的松子的一生》

我们一路奋战，不是为了改变世界，而是为了不让世界改变我们。

——《熔炉》

我会努力成为优秀的自己，总有一天我会有勇气惊艳地站在你眼前，告诉你，我不是一定要你回来。

——《初恋这件小事》

《肖申克的救赎》

当我年轻的时候，我想变成任何一个人，除了我自己。

——《玛丽和马克思》

伟大的人并非生而伟大，而是越活越伟大。

——《教父》

《楚门的世界》

假如再也碰不到你……祝你早安，午安，晚安。

——《楚门的世界》

明天又是崭新的一天。

——《乱世佳人》

人生不能像做菜，把所有的材料都准备好了才下锅。

——《饮食男女》

一个人一生可以爱上很多的人，等你获得真正属于你的幸福之后，你就会明白一起的伤痛其实是一种财富，它让你学会更好地把握和珍惜你爱的人。

——《泰坦尼克号》

我一直以为猩猩是不会互相残杀的，但原来还是和人类一样。

——《猩球崛起 Ⅱ》

有一些人，他们赤脚在你生命中走过，眉眼带笑，不短暂，也不漫长，却足以让你体会幸福，领略痛楚，回忆一生。

——《阳光姐妹淘》

每一个城市都有其独特之处，令人难忘。这很难说——罗马！不管怎么说，就是罗马。我将会永生永世珍惜我访问此地留下的回忆。

——《罗马假日》

如果我没有刀，我就不能保护你；如果我有刀，我就不能拥抱你。

——《剪刀手爱德华》

人生与电影不同，人生……辛苦多了。

——《天堂电影院》

傲慢让别人无法来爱我，偏见让我无法去爱别人。

——《傲慢与偏见》

有时，你只需要 20 秒的勇气，就用这 20 秒的勇气来克服尴尬。我向你保证，它会带来好事。

——《我家买了动物园》

你爬了十层楼，可能才达到别人的地下室。

——《寄生虫》

千万别让任何事阻止你去追逐梦想，阻止你工作或玩耍或恋爱。

——《叫我第一名》

一段不被接受的爱情，需要的不是伤心，而是时间，一段可以用来遗忘的时间。一颗被深深伤了的心，需要的不是同情，而是理解。

——《英国病人》

这里必须说说恐惧，它是生活唯一真正的对手，因为只有恐惧才能打败生活。

——《少年派的奇幻漂流》

幸福，不是长生不老，不是大鱼大肉，不是权倾朝野。幸福是每一个微小的生活愿望达成。当你想吃的时候有得吃，想被爱的时候有人来爱你。

——《飞屋环游记》

我们每个人都生活在各自的过去中，人们会用一分钟的时间去认识一个人，用一小时的时间去喜欢一个人，再用一天的时间去爱上一个人，到最后呢，却要用一辈子的时间去忘记一个人。

——《廊桥遗梦》

你要尽全力保护你的梦想。那些嘲笑你梦想的人，他们注定会失败，他们想把你变成和他们一样。我坚信，只要心中有梦想，我就会与众不同。你也是。

——《当幸福来敲门》

生命就像一盒巧克力，你永远不知道下一颗是什么味道。

——《阿甘正传》

最了解你的人不是你的朋友，而是你的敌人。

——《东邪西毒》

嘿，你不必再等了。他不会回来了。

——《忠犬八公的故事》

世界上本没有路，有了腿便有了路。

——《让子弹飞》

我们命中注定要失去所爱之人。不然我们怎么知道，他们在我们生命中有多重要?

——《本杰明·巴顿奇事》

这世界上有各种各样的人，恰巧我们成了朋友，这不是缘分，是因为我们本就应该是朋友。

——《绿皮书》

你们一直抱怨这个地方，但是你们却没有勇气走出这里。

——《飞越疯人院》

每个男人都热切地帮她点火，却没有一个男人把她的烟夺走。

——《西西里的美丽传说》

工作不能代表你，银行存款也不能代表你，你开的车也不能代表你，皮夹里的东西不能代表你，衣服不能代表你，你只是芸芸众生中的一个。

——《搏击俱乐部》

死亡不是真正的逝去，遗忘才是。

——《寻梦环游记》

没有过不去的事，只有过去的故事。

——《素媛》

世界上只有一种病，穷病，这种病你没法治，你也治不过来。

——《我不是药神》

这个世界充满假象，唯有痛楚从不说谎。

——《摔跤吧！爸爸》

出来混，迟早是要还的。

——《无间道Ⅱ》

成年人的生活里，没有“容易”二字。

——《天气预报员》

我不敢先说我爱你，我怕你以为这是场游戏。

——《两小无猜》

把手握紧，里面什么也没有；把手松

开，你拥有的是一切。

——《卧虎藏龙》

如果我多一张船票，你会不会跟我一起走？

——《花样年华》

有些人平庸浅薄，有些人金玉其外而败絮其中。有一天你会遇到一个彩虹般绚丽的人，当你遇到这个人以后，会觉得其他人只是浮云而已。

——《怦然心动》

这个世界最大的谎言就是你不行。

——《垫底辣妹》

永远不要停止思考，永远不要服输。只要你不害怕，没有人，能挡住你的去向。

——《银河补习班》

每当你想要批评什么人的时候，你要记住，这个世界上的人并非都具备你拥有的条件。

——《了不起的盖茨比》

我要做生活的主宰，而非奴隶。

——《死亡诗社》

生命太短暂了，不应该用来记恨。

——《简·爱》

不要试图弯曲汤匙。那是不可能的。你只能试着去理解一个事实。汤匙不存在。你会发现被弯曲的不是汤匙。那只是你自己。

——《黑客帝国》

一出生就有人告诉我们，生活是场赛跑，不跑快点就会惨遭蹂躏，哪怕是出生，我们就已经开始了赛跑。

——《三傻大闹宝莱坞》

人生就是一列开往坟墓的列车，路途上会有很多站，很难有人可以自始至终陪着走完。当陪你的人要下车时，即使不舍也该心存感激，然后挥手道别。

——《千与千寻》

你永远也不晓得自己有多喜欢一个人，除非你看见他和别的人在一起。

——《天使爱美丽》

一个人总要走陌生的路，看陌生的风景，听陌生的歌，然后在某个不经意的瞬间，你会发现，原本费尽心机想要忘记的事情，真的就那么忘记了。

——《蓝莓之夜》

人生若无悔，那该多无趣啊。

——《一代宗师》

当我决定和你度过下半辈子时，我希望我的下半生赶快开始。

——《当哈利遇见莎莉》

我小时候就很喜欢便利店的肉酱意粉，很多人都问我，你为什么喜欢吃？它真的是有点咸，肉也不多，喜欢就是喜欢。我喜欢她是因为，我觉得她好，她什么都好。

——《春娇与志明》

一生至少该有一次，为了某个人而忘了自己，不求有结果，不求同行，不求曾经拥有，甚至不求你爱我。只求在我最美的年华里，遇到你。

——《恋恋笔记本》

成功的含义不在于得到什么，而是在于你从那个奋斗的起点走了多远。

——《心灵捕手》

可能在一生中，很难找到个你肯爱他的人。如果找到的话，无论情况是怎样，都应该去尝试，我害怕将来后悔。

——《志明与春娇》

让朋友低估你的优点，让敌人高估你的缺点。

——《教父》

当能失去的都失去了，你也就差不多长大了。

——《狗十三》

欲要得到救赎，必先承受痛苦。

——《看不见的客人》

梦里出现的人，醒来时就该去见他，生活就是那么简单。

——《新桥恋人》

有信心不一定会成功，没信心一定不会成功。

——《英雄本色》

梦想是什么？梦想就是一种让你感到坚持就是幸福的东西。

——《中国合伙人》

地主家也没有余粮啊。

——《甲方乙方》

21 世纪什么最贵？人才！

——《天下无贼》

人心中的成见是一座大山，任你怎么努力也休想搬动。

——《哪吒之魔童降世》

愿你在迷茫时坚信你的珍贵，爱你所爱，行你所行，听从你心，无问西东。

——《无问西东》

能力越大，责任越大。

——《蜘蛛侠》

我的愿望，就是希望你的愿望里也有我。

——《我的少女时代》

说的是一辈子，差一年，一个月，一天，一个时辰，都不算一辈子。

——《霸王别姬》

我的意中人是个盖世英雄，有一天他

会踩着七色云彩来娶我，我猜中了开头，可是我猜不着这结局。

——《大话西游》

在幻变的生命里，岁月，原是最大的小偷。

——《岁月神偷》

如今我走到人生的十字路口，我知道哪条路是对的。毫无例外，我就知道，但我从不走，为什么？因为太苦了！

——《闻香识女人》

闪电风暴过后，一定是那充满蓝天白云、充满碧草繁花的世界。

——《天空之城》

这短短的一生，我们最终都会失去，你不妨大胆一些，爱一个人，攀一座山，追一个梦。

——《大鱼海棠》

《大鱼海棠》

全世界有那么多的城镇，城镇中有那么多的酒馆，她却偏偏走进我这一家——

——《卡萨布兰卡》

讲个笑话，你可别哭！

——《驴得水》

《小王子》

大人们总不理解小孩，但他们也忘了，自己曾经也是小孩。

——《小王子》

让全世界都知道我们的低调。

——《窃听风云3》

再颠簸的生活，也要闪亮地过呀

《我的阿勒泰》

《我的阿勒泰》

哈萨克文化里，人与人之间，产生友情或者爱情，是由于被看见。所以在哈萨克语中，“我喜欢你”意思是“我清楚地看见你”。

再颠簸的生活，也要闪亮地过呀。

床塌了，又不是天塌了，还能影响我睡觉！

这荒野真是不讲道理，但慢慢地，这荒野又会让你觉得，自己曾努力去明白的那些道理，也许才是真正没道理的。

不要跟着心里的欲望跑，憨一点慢一点，寻着生命里的指引，人就不必着急。在马背上能看见整片草原，心也变得松弛而开阔。

也许一旦真正投入无限的自由之中，得到的反而不会是什么“无限的自由”，而是缩手缩脚和无所适从吧。

那你就试着从自己的生活写起，去爱、去受伤、去生活。

家里练不出千里马，花盆里栽不出万年松，孩子们出去走走看看，也是件好事。

啥叫有用？生你下来是为了让你服务别人的？你看看这个草原上的树啊，草啊，有人吃有人用，便叫有用。要是没有人用，它就这么待在草原上也很好嘛，自由自在的嘛。

世界温暖，草原明亮。每一个人的眼睛都是新鲜喜悦的。

《南来北往》

除了靠自己，靠谁都是不靠谱。这世上没有谁会心甘情愿一直被你依靠。靠自己，才能把事情做到最好；靠自己，才能学到真本事，真正解决问题；靠自己，人生才不会输。

别人不会为你的人生负责，你要为你的人生负责。

世界有时候就像一座巨大的列车，有人上车，有人下车，南来北往，北往南来，平淡的烟火气在鸣笛声中缓缓飘起。

有梦想就立即动身吧，不要迟疑，别让明天的你，讨厌今天的自己。最可怕的不是你不够努力，而是比你聪明的人比你还要努力。

《玫瑰的故事》

我轻松愉快地走上大路，我健康自由。世界在我面前，长长的褐色的大路在我面前，指向我想去的任何地方。从此我不再希求幸福，我自己便是幸福。凡是我遇见的我都喜欢，一切都被接受。从此我不受限制，我使我自己自由，我走到我所愿去的任何地方，我完全而绝对地主持着我。

人要有做决定的勇气，也要有接受失败的勇气。

做取舍，那是因为你还有选择的机会。所以啊，只要你遵从自己的内心，怎么选都没错。

两个人在一起如果还要讲资质、谈竞标三方比价，那可就不叫感情了。要相信他选择了你，你就没有竞争对手。自卑是一把双刃剑，它既可激发人上进，也会让人敏感脆弱心态失衡，不要被它控制了。

掌控感可以让人慢慢积累出自信，这样很好。掌控力啊，得用在事上，不要用在人身上，尤其是自己的家人。

《全职高手》

在这个赛场上，努力是最不值得拿出来夸口的东西，因为这只是基本，是人人都会做到的，是最底层、最渺小的东西。搞清楚这一点，再向高处攀登吧！

逃避虽然有用，但很可耻。

高处的人才能走下坡路，一直在低处

的，那叫走投无路。

被摧毁的信念，一旦重新修建好，会比原来更美，更顽强，哪怕绕一些弯路，哪怕会有点孤独。

旧人将歇，新人辈出，这是自然的规律，谁都无法改变。可是，旧人不代表只会当逃兵，新人也不意味着天下无敌！

我的年少轻狂，我的志得意满，我的所有荣耀都与他有关。

如果非要说声再见，我希望不是再也不见，而是有一天，我们可以再次相见。

触底了就会反弹，任何时候都不要说放弃。

他们之所以超过你，不是因为他们比你强，比你优秀，而是因为你还没有开始行动，就给自己亮了红灯。

如果你爱荣耀，请爱它带给你的一切，无论是痛苦、挫折，还是泪水。我不能为你的人生负责，但是我愿意成为你们的选择。

《繁花》

你以为吃的是龙虾，实际上吃的是机会，一只龙虾就是一个机会。

能说服一个人的，从来都不是道理而是南墙。能点醒一个人的，从来都不是说教而是磨难。

人生中遇到的磨难很多，我们愈是成熟，也愈是胆小，反倒在绝境中才能激发出内在的潜能，从而变得更加坚强和勇敢。

人人心里有杆秤，什么时候可以同富贵，什么时候可以共患难，心里多少都有数的。

哪里有这么多真的假的，眼前能看得见的都是真的，走掉的都是假的。

当时我看不清她的样子，十年之后，我还是没有看清她的样子，但我看清了我自己。

市场永远是对的，错的只有自己，冲得太快，逃得太慢，肯定是要吃瘪，头顶在肩膀上，脚长在自己身上，只要保护好自己，机会永远比风险大。

烦什么烦？不开心就多吃点，自己喜欢的东西就买，讨厌的人或事就躲开，要做自己，要一直往前走。

所谓出人头地，就是被人教训的过程。

《山花烂漫时》

我生来就是高山，而非溪流，我欲于

群峰之巅俯视平庸的沟壑。我生来就是人杰，而非草芥，我站在伟人之肩藐视卑微的懦夫。

这点黑暗算什么，光明还在后头，这就是女高精神。掐不灭，打不倒，摁不死，总能绝处逢生，逆风翻盘。

没有规定男孩该什么样，也没有规定女孩该什么样，你只要不危害社会伤害他人，这是你自己说了算的。

希望不是别人给的，是靠自己争取来的。

读书，可以让自己变得辽阔。脚步无法丈量的地方，读书可以；眼睛看不到的地方，读书可以。

只要你开始思考、开始行动，你就已经走上了一条必然不易，但也充满希望的路途了。

大目标就像一座高山，需要长久地攀登。你还需要找到一条上山的“路”，在每天的日常里完成一个个具体的小目标，一步步扎实地往上爬。爬着爬着，或许就走过了那一段黑暗的路，拨云见日。

放弃和认命是一条没有尽头的“下坡路”。请记住，在任何一个你没有察觉的时刻，包括现在，通过行动去改变命运的机会，一直都存在。

我们唯一能做的就是永远向着心中的目标，即便暂时迷茫，也要努力发光，照亮脚下的每一步路。

飞出去了就飞出去了，老惦记起飞的地方，老不往前飞，我们培养她们干什么呢？

我们就没提贫困两个字，我觉得贫困对女孩子来说，也是一种隐私。

我相信，人生在必经的“寒冬”里，也带着必然的希望。

《城中之城》

在这个世界上，没有绝对的圆满，只有无尽的遗憾。

我们来这个世界的时候是不得不来，最终我们离开这个世界的时候，也是不得不走，那中间这段时间，就随心活吧。

银行家也是人，是人就有野心有弱点。

我得纠正你，作为一个老江湖，我得教你一课：金融战场可不是过家家，冲动和感情用事可是大忌。记住那两句古训，“廉洁可辱，爱民可烦”，这是金融界的生存法则。你得学会控制情绪，像将军指挥千军万马一样，冷静分析每一步。

从小到大，我和我的心从来不沟通、不交流，可是见过你以后，我明显能感觉到我的心开始跟我沟通了。

“我浑身上下都充满了爱。”

“我燃烧了！”

有些事太近了，你会看不清，那就退后一步吧！

我从踏入这行，很多事情一直是走中庸之道，因为这样可以平衡各种关系，但是唯独收钱这个事，我不敢逾越半步。

《半熟男女》

为一个人，为童年的执念，为各种奇怪的原因，我们会产生一个梦想，而奔赴梦想的成长过程就像拆盲盒。

生活的意义在于理解生活，理解好的一面，也理解不好的一面，不刻意定义好和不好，什么时候有了这样的感悟，就算真的长大了。

快乐其实还挺公平的，不管是谁，都没有那么容易得到。

我曾经因为害怕孤单盲目去爱，又因为害怕受伤而不敢去爱，在发现自己的能力不能满足自己的欲望时，能做什么呢？只有努力以及耐心等待。

未来的十年、二十年可能会更辛苦，可我们不应该失去挑战的劲头，也不该被驯服，被动地接受现实而走进那温柔的良夜。

最重要的是要做一个随时都会动心，一动心就满血复活的粗人，永远饱含爱的能量，我喜欢这样的自己。

他们有很多的借力，而你就是你自己一个人，那就是说，是你的实力比他们厉害，你的潜力更大，你才是一个最棒的人。

《脱口秀和 Ta 的朋友们》

好好的一个人，上了班，她就疯了。

生活好像下象棋，保帅还是保车？

快乐在我这儿，不分高低级，能快乐真的很不容易了。

我觉得职场最好的称呼一个人的方式就是按他的工资来称呼他，像我，你就叫我 1500。

很多时候你没有他们说的那么差，他们否定你是为了砍价，但是你否定自己又为了啥呢？

可能就没有什么美跟丑，它就是生意。为什么把美搞得这么困难？他就是为了挣更多的钱。

《你想活出怎样的人生》

世界是有生命的，会发霉也会生虫子。

人生无论怎么选都会有遗憾，但人们总认为没走的那条路上开满鲜花。

重要的不是世俗的眼光或其他，而是你自己必须从灵魂深处了解人到底是什么地方了不起。然后，必须激发自己的向上心，打从心底想成为了不起的人。

生活中最美好的事情，往往不是那些显而易见的成就和荣耀，而是那些平凡而真实的瞬间。

这个世界接下来会变得美好还是丑陋，都掌握在你的手中。

每个人都是广阔世界中的一个分子。大家集中在一起，创造出这个世界，随着世界的波浪移动、生存着。

不要害怕孤独，因为这个世界上，肯定有一个人，正努力地走向你。

《宇宙的奇迹》

宇宙中最惊人的奇迹不是恒星，不是行星，也不是星系，甚至根本就不是一个物质，而是时间里的一瞬间。那个瞬间，就是现在。

人类天生就爱探索答案。

日出日落，这史诗般的脉搏，教会人类标记时间的痕迹。

我们身体中的每个原子都曾经属于其他事物，比如一棵古树、一只恐龙，或是一块岩石。

一旦你进入黑洞中心，我们的物理定律将全部失效，空间和时间将被无限扭曲，而黑洞中心将变得无限致密，那里被称为“奇点”。

我们不再为太阳建神庙，取而代之，我们建造机器，它们使我们能够更深入地了解宇宙。

当我们在调收音机时，我们是在收听光的一种形式——无线电波。你微调一下就只能听见沙沙作响的静电噪声，约有 1% 的静电噪声，在物理学家听来是优美的音乐，因为那是大爆炸中被拉伸的光。

正是眼睛的出现引发了寒武纪的进化大爆炸。

了解宇宙的过程就像一部侦探小说，而细碎的证据通过穿越了无垠宇宙的光线传递给我们。

愿我们所有人都有不沉默的勇气

《默杀》

《默杀》

我们存在于此，无论何时何地，皆为众生。众生之行，引发觉悟之链，觉悟的终点，皆是新生的起点。

爱与恨，往往只在一念之间。

每一个沉默的旁观者，都是潜在的加害者。

霸凌发生时，所有的沉默都是一种助纣为虐。你以为装睡就无辜了吗？

善恶终有报，善恶交锋，罪恶难逃。

雨衣遮蔽的，是真容，也是真相，回首凝望的，是秘密，也是深渊。

时间无法抹去伤痛，它只是让我们逐渐习惯了痛苦的存在。

爱可以是救赎，也可以是毁灭。

《第二十条》

法，不能向不法让步。

愿我们所有人都有不沉默的勇气。

《第二十条》

我们办的不是案子，是别人的人生。

迟来的正义，还是“正义”吗？

不要嘲笑为社会正义挺身而出的人，因为有一天他们争取到的光亮，也会照在你的身上。

法律的权威来自哪里？难道不是老百姓最朴素的情感期待吗？

什么是法律，是天理是国法是人情。

我不相信没有天理的国法，我也不相信没有人情的天理。

一次犯罪污染的是一条河流，一次错误的裁决污染的是整个水源。

法律，是让坏人犯罪的成本更高，而不是让好人出手的代价更大。

所有正确的事情都有代价，但不能因为有代价，就不去做。

《孤注一掷》
人有两颗心，一颗是贪心，一颗是不甘。

他们不怕你赢，就怕你不玩。

肯定有人觉得自己特别聪明，永远都不会被骗。

当一个人把他赚钱的方式告诉你，那就证明他要赚你的钱了。

每天说一千遍一万遍：别信、别贪、别冲动。

《白夜追凶》
人的一辈子都在做选择，无论选择对与错，都不能指望别人替你买单。

我在镜前，你在镜中，真相在你背后。

一名凶残的罪犯，在作案的时候，不会考虑被害人的感受，更不会考虑被害人家属的感受，他们不会顾及道德、法律甚至感情。有时候他们显得很强大，甚至比我们还强，那是因为他们根本没有底线。可我们不同，我们追捕这些人，就是为了还被害人一个清白，同时也要捍卫法律。所以我们不能以违法做代价，去惩治犯罪。

《白夜追凶》

人都是习惯的奴隶。

在追寻真相的道路上，白天和黑夜，从来都同等长久。

人啊，明明知道自己做不了什么，可心里啊，总还是在想去做些什么。

《悲伤逆流成河》
你生活在光亮里，你就觉得全世界都是光亮的。

苦得久，不知道甜是什么。仙人掌做不了花，没办法让人捧在手心里。

你们永远都不会承认自己做过的事有多恶毒，将来，你们只会说，我怎么不记得，我怎么不记得我把红墨水丢到她身上，我就是闹着玩的呀。还有你，你会说，我没有喂她吃过垃圾，没有泼过她冷水，没有扒过她衣服。

你们之后的日子舒舒坦坦，没有一点心理负担，你们回首自己的人生，觉得自己挺好的了，觉得自己没有做过什么伤天害理的事。太恶心了，实在是太恶心了！

如果我永远忘不掉，如果我忘不掉，怎么被你们欺负，怎么被你们侮辱，粉笔灰塞嘴里是什么滋味，打火机烧头发是什么滋味，被你们一口一个一口一个喊杀人凶手是什么滋味。如果我永远忘不掉，你们也别想忘掉。

你们骂过我最难听的词，编过最下流的绰号，你们动手的没动手的都一样！你们比石头还冷漠，你们又恶毒又愚蠢，你们胆小怕事，别人做什么你们就跟着做什么，你们巴不得世界上多死一个人，因为你们的日子真的无聊，因为你们觉得自己不会承担任何后果。

杀死顾森湘的凶手，我不知道是谁，但杀死我的凶手，你们知道是谁。

《边水往事》

树叶落在湖面会泛起涟漪，巨石跌进大海却不被人发觉。

是你的它就是你的，不是你的送给你，你也拿不走的。

不要被表象迷惑了，表面上看呢，可能是个危机，但是从另一面看呢，它可能就是转机。

哪怕只有一丝的希望，我也去争取了。命，我只认一半。

石头的价值是人赋予的，值钱的不是石头是人。

讲义气是好事，但不要轻易被义气绑架你自己。或许会有人因你而得势，但绝对不会因为你而完蛋。人为了生存会想尽办法解决困难，而你能控制的就是你自己的言行。

你来达班的那个晚上，天上的星星也像今天晚上那么亮，三边坡分热季和雨季，你都完整地体验过了，来的时候正好，走的时候也正好。

其实我们早就不顺路了，只是我太想跟你走了。

你应该很清楚，你可以是个善良的人，但是你们再多的人来做慈善也没得意义，因为恶就是你们种下的。

后来才明白，有一类人会在权衡过所有利弊之后，选择一条最难走的路。

如果你愿意，我们还是可以回到以前

《唐朝诡事录》

《唐朝诡事录》

这世上既没有神，也没有鬼，只有装神弄鬼的人。

人心难测，诡事无常，世间真情总在迷雾中深藏。

能记住的都是痛苦之事，快乐之事都太轻，容易被风吹散。

人间的思念在哪里，亡者的灵魂就在哪里。

好高骛远者，也许一辈子都是废物，能随遇而安，到哪儿都能做好眼前的事才是了不起的人。

越是花团锦簇，它的阴影越是深幽难测。绚烂的大唐就像面镜子，一面歌舞升平，而另一面，鬼影幢幢。

这世上有很多让人想不明白的事，但随着时间的推移，真相早晚会显露的。

名士，不在乎行为举止，更重要的是要有一颗悲悯之心。

《度华年》

权势背后便是人心，你若读不懂人心，你想要的一切，终落成空。

你当知道，有些伤痛一旦发生过，便很难再愈合。

这世上最大的悲哀便是贫穷，生老病死是上天给的，只有贫穷总是让人怀疑自己，就像在蛛网上，明明被粘住了，还要想着是不是自己不够努力，所以才挣脱不开。

有些爱跨越山河，有些爱跨越时光。而有些爱，跨越生命和信仰，千锤百炼，永不分离。

我们把自己的心思和情绪都说出来，或许，我们会有一个更好的结局。

《墨雨云间》

人在微末之时，宛如落叶，命运飘零，半分由不得自己。

天道不公，我们的公道，我自己来要。

请清风，送鼓声，请苍天，鉴忠奸。

我悯此女的哀情，更敬她的刚烈，遂以此票，我祝琴中人，恩仇得报，前路坦荡。

你这辈子没有践踏过人命，无论这辈子有多少遗憾，你都无愧过去将来，所以你敢大胆回头问因果，向前讨公道。

不管发生什么事情，活着才是最重要的，活着才有重新开始的机会，识人不清不是你的错，错在辜负你的人。你又何必用他们的错来惩罚自己呢？

此战为死战，不必念生还。

对于人犯来说，验明正身很重要；对于人来说，不必事事分明。

《武林外传》

世界如此美妙，我却如此暴躁，这样不好，不好！

一旦喜欢上谁，就别无所求。只要每天能见到她，就已经觉得很庆幸了。

一辈子很短，如白驹过隙，转瞬即逝。可这种心情很长，如高山大川，绵延不绝。

我的小说不可能有什么太大的价值，或者是特殊的意义，更不可能流芳百世，但至少我能够自得其乐。最重要的是，我知道我应该做什么了。与内心的快乐与充实相比，功名利禄算得了什么呢？

什么叫盗亦有道？全是胡说八道！贼就是贼，没有什么好贼与坏贼之分。随便偷点东西、抢点东西送人，就叫侠义了吗？

什么叫盗亦有道？全是胡说八道！贼就是贼，没有什么好贼与坏贼之分。随便偷点东西、抢点东西送人，就叫侠义了吗？

不摔跤哪能学会走路，不吃亏哪能知道人生的辛苦。

不蒸馒头争口气。可这个气呢，是奋发图强的志气，不是小肚鸡肠的怨气。

无论是美食还是人生的最高境界，就是在亦正亦反、亦淡亦咸之间啊。

先生说过，做错事儿并不可耻，可耻的是知错不改。

生活中有很多的不如意，如果一不开心，就寄希望于如果当初，那你永远都不会开心。

《承欢记》

自由是建立在自立的基础上的。

在生活上依赖人，又想得到别人尊重，怎么可能呢！

心底把名利看得多轻完全是另外一回事，在这种竞争的气氛下，不由得人不在乎，不由得人不争气，不由得人不看重名利得失。

不能因为你遇到了坏的事情，就总是悲观看人，这个世界千奇百怪，你看这葵花子外面是黑的，但是剥开里面却是白的。

人啊，出生的时候就要一个人面对这个新的世界，死的时候也要一个人告别，人本来就是孤独的。

没有人会看你的硬骨气，只会看你的硬实力。

《步步惊心》

一朝相知，终生知己。

我知道所有人的结局，却唯独不知道自己的结局。

由爱生嗔，由爱生恨，由爱生痴，由爱生念，从别后，嗔恨痴念，皆化为寸寸相思。

如果你愿意，我们还是可以回到以前。

从现在起永远不要对我说假话！我和你一样，即使丑陋也要真实。

我只做了，我觉得应该做的，和不得不做的事情，没有什么值不值得。

过去种种，譬如昨日死；以后种种，譬如今日生。

人生一梦，白云苍狗，错错对对，恩恩怨怨，不过日月无声，水过无痕，所难弃者，一点痴念而已。